JN409149

이하림 수필집

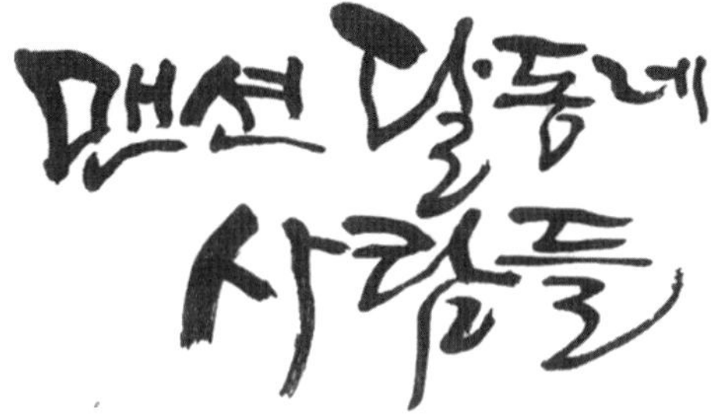

도서출판 진실한 사람들

■작가의 말

아름다움으로 승화될 수 있는

수필을 쓰기 시작한 지 십 년이 조금 넘었다. 어려서부터 문학을 좋아했지만 쓰는 것보다 읽는 것을 즐기는 편이었다. 그러나 늘 마음의 텃밭 한 켠이 비어 있는 삶이었다. 그러다가 중년이 되어서야 그 비어 있는 자리를 돌아보며 문학 장르 중 수필을 묘목으로 심고 싶다는 생각을 했다.

'고양이 뿔 깎는 소리' 같은 글 한 편을 쓰기 시작하면서 서정범 선생님께 지도 받고자 높은 곳에 위치한 연구실까지 계단을 수없이 오르내렸다. 여러 계절을 지내면서 희망과 좌절, 그리고 용기와 인내를 배웠다. 이제 텃밭의 묘목이 어느 정도 자라 오십여 편이 되었기에 개인 수필집이라는 터로 조심스럽게 옮겨 심고자 한다. 하지만 깜냥도 못 되면서 책을 낸다고 수선을 피우는 건 아닌지 쑥스럽기만 하다.

여기에 수록된 글 중 〈편견의 가시〉와 〈옥황상제의 주례〉는 등단의 길을 열어준 작품이며, 수록한 글의 묶음이나 순서에는 별다른 뜻을 두지 않았다. 또한 글을 쓸 때 특별한 경우를 제외하고는 쉬운 우리말로 풀어쓰려고 노력했다.

수필을 쓰기 위해서는 먼저 수필적인 삶을 살아야 한다는 선생님의 가르침을 가슴깊이 새겨둔다. 앞으로도 많이 보고 읽고 또 느끼며 깊이 있는 사람이 되도록 노력할 것이다. 그래서 속내를 다 드러낸다 해도 그것이 독자들에게 따뜻한 감동으로 전해질 수 있고, 갓난아이의 눈처럼 맑고 아름다움으로 승화될 수 있는 글이 된다면 그러한 글을 쓰고자 애쓸 것이다.

이미 작고하셨지만 수필을 사랑하는 마음 키워 주신 서정범 선생님께 한없는 감사를 표한다. 아울러 지치고 힘들 때 옆에서 다독여준 선후배님, 문우들의 따뜻한 우정과 책을 발간할 수 있도록 물심양면으로 지원해 주고 서평 쓰는 일까지 마다하지 않은 문우이자 친구인 '도서출판 진실한 사람들' 김주안 대표에게 깊은 애정의 마음을 전한다.

끝으로 변함없이 넓은 그늘이 되어주신 친정어머니와 친정식구, 그리고 언제나 친구 같은 아들 석영이에게 더 없는 사랑을 보내며 이 책을 바친다.

2013년 새해 아침에

이 하 림

■차 례

1부 편견의 가시

2부 숨 쉬는 항아리

3부 는개가 내리던 날

4부 미완성 인생 지도

5부 가난한 마음 부자 만들기

1부

편견의 가시

편견의 가시

며칠 전 방송에서 이런 일화를 들은 적이 있다. 미국 어느 부호가 자신의 재산을 양로원에 기증하겠다는 뜻을 유언으로 남겼다. 그런데 단 하나의 조건이 그 양로원에 백인만 들어오게 하라는 것이었다. 그러나 양로원은 약속을 지키지 않았다. 그러자 유족들은 한 푼도 기부할 수 없다고 했다. 양로원 측은 인도적인 차원에서 벗어난 이런 편견은 있을 수 없는 일이라며 재판을 신청했다고 한다. 그러면서 무덤에 있던 링컨이 이 말을 들으면 다시 일어날 일이라는 것이다.

방송을 듣고 있으니 오래 전에 겪었던 이와 비슷한 일이 생각났다. 강남에 있는 어느 호텔에서 일을 하고 있을 때였다. 외국인 호텔이어서 지시사항이 거의 영문으로 표기되어 있어 그 뜻을 제대로 파악하지 못해 곤혹을 치를 때가 많았다. 그럴 때마다 공부를 더 해야겠다는 생각이 들었다. 궁리를 하던 끝에 외국에 있는 호텔전문학교에 유학을 할 수 있는 길이 있다는 것을 알게 되었다. 유학을 마치고 돌아오면 국내에서 지배인 자격증을 취득하는데 큰 도움이 될 수 있었다. 용기를 내어 독일인 총지배인을 찾아가 사정을 이야기 했더니 의외로 흔쾌히 청을 받아 주었다.

서둘러 서류를 갖추어 호주에 있는 학교로 발송했다. 곧이어 입학이 허가되었고 관계대사관에서 비자만 발급받으면 되었다. 비자가 나오기만을 기다리는 동안 검은 색 정장에 금빛 명찰을 달고 지배인으로 근무하는 꿈을 매일 꾸었다. 그리고 능숙한 영어로 외국인과 상담을 하는 장면도 종종 꿈에 나타났다. 벌써 마음은 지배인이 되어 있었던 것이다.

그런데 출국일자를 한 달 쯤 남겨놓고 관계대사관으로부터 비자발급을 거부당했다. 예상치 못했던 의외의 상황이라 황급히 담당자를 찾았다. 그는 혼자 사는 사람은 불법체류의 가능성이 높아서 비자를 발급해 줄 수 없다는 것이었다. 담당자는 이 한마디 외에 더 이상 어떤 질문도 허용치 않을 것 같은 냉랭한 자세였다. 편견으로 응집된 제도 앞에서 그동안 꾸어왔던 모든 꿈들이 한순간에 무너져 내렸다.

남편과 헤어져 혼자 살아왔지만 어느 면으로나 당당한 삶이었다. 그러나 내가 생각하는 당당함만으로는 지금 내 앞에 놓여진 현실의 벽이 너무 높다는 것을 깨닫게 되었다. 연못을 지나던 이가 무심코 발길로 찬 돌이 개구리의 목숨을 앗아가듯이 사소한 편견 하나로 인해 내 앞날의 희망을 모조리 앗아가 버렸던 것이다.

그때에 있었던 일을 떠올리고 있으려니 문득 공자의 제자 담대멸명이 생각난다. 그는 외모가 보잘 것 없어 처음에는 공자로부터 입문을 거절당한 제자다. 그러나 배움의 길을 놓친 나와는 달리 끈질긴 간청 끝에 간신히 입문 허락을 받았다고 한다. 그래서인지 열심을 다해 큰 학문을 이룬 후 공자를 떠났다. 후에 그는 공자의 가르침에 버금가는 군자다운 면모를 보이며 당대에 명성을 떨친 인물이 되었다. 외모만 가지고 사람을 판단했던 공자는 자신이 저지른 실수 앞에 회안을 드리웠다고 한다.

우리는 흔히 호박의 외모를 가지고 얼굴이 못생기거나 볼품없는 사람에 비유하곤 한다. 나도 예외는 아니었다. 그러나 호박은 못생긴 꽃과 모양에 비해 그 열매는 어느 것보다 요긴하게 쓰인다. 사람 또한 얼굴이 못생긴 사람이 마음씨까지 곱지 못한 것이 아니다. 오히려 그 마음이 따뜻하거나 너그러운 사람이 더 많다.

이처럼 외적으로나 내적으로 범해지는 편견은 매사에 좋지 않은 법이다. 그래서 『대학(大學)』의 「수신(修身)」 편에도 보면 사람의 참다운 면목을 파악하는데 걸림돌이 되는 편파적인 감정을 없애야 한다고 말하고 있다. 그것은 인간관계를 그르치는 첫 걸음이요 나아가 사회나 국가에까지 폐해를 끼치게 된다는 것이다. 그러나 세상 곳곳에는 아직도 이러한 편견의 가시들이 도사리고 있다.

한번은 아이 학교의 학부모회의에 참석을 했는데 담임선생님이 생활수준이 떨어지는 아이들을 문제아로 단정 짓는 것을 보았다. 우리가 사는 동네는 아파트단지인데 단지마다 생활수준의 차이가 심하다. 그러나 생활수준이 낮더라도 건강하고 밝게 자라는 아이들이 얼마든지 있는데 그 이유만으로 문제아 취급을 당한다는 것은 지나친 처사라는 생각이 들었다. 그 후로 또 한 번 편견이라는 가시에 찔려 마음이 욱신거리며 아팠다.

호텔에서의 일이 있은 후 때때로 그 상처가 덧나 마음이 욱신거려 아플 때가 있다. 그럴 때마다 나도 편견에 사로잡혀 세상을 색안경 끼고 내게 비춰진 색깔만 옳다고 우긴 적은 없는지 생각해 보게 된다. 그러면서 코끼리를 다리만 더듬고 코끼리는 기둥 같다고 정의한 장님의 실수를 종종 떠올린다. 내게도 이러한 실수를 범하지 않기 위해서 폭 넓은 시야로 지혜로운 삶을 살아야겠다고 다짐한다. 나에게는 가시가 있는 화려하고 요염한 장미보다는 가시가 없는 소박하고 둥글둥글한 호박꽃의 철학이 마음에 와 닿는다.

옥황상제의 주례

지난해 문우들과 함께 굿당을 찾았다. 새소리와 신록의 정취가 어우러진 산길은 여름날의 무더위를 식혀 주었다. 조금 올라가니 아주 오래 전에 지은 듯한 허름한 집 한 채가 평지에 덩그러니 서 있었다. 겉에서 보기엔 여느 사람들이 사는 집처럼 평범한 모습이었다.

집안으로 들어서자 향내음이 그윽하게 안겨왔다. 종이로 만든 인형에 혼례복을 입혀 마주 앉게 하는 것으로 굿은 시작되었다. 무녀는 애절한 몸짓으로 그들의 영혼을 불러들이고 많은 이야기를 나누었다. 총각은 무녀를 사랑했던 사람으로 결혼이 성사되지 않자 기차에 뛰어들어 자살을 했고, 처녀는 무녀의 시누이로 인절미를 먹다가 목에 걸려 죽은 사람이다.

무녀는 죽은 두 젊은 남녀와 자신의 한을 토해 내듯 춤을 추었다.

무녀의 춤과 어우러져 장단을 맞추는 고수(鼓手)의 표정도 너무나 진지했다. 무녀의 열정적인 춤 너머로 신랑신부를 바라보니 하객으로 온 나에게 고맙다고 인사를 하는 듯했다. 무녀는 망자(亡者)에게 이승에서의 한 많은 생을 씻어주려는 듯 혼신을 다해 춤을 추었다. 한판 춤사위에 몰입하다보니 내 자신이 무녀라도 된 것 같은 기분이 들 정도로 무녀의 춤 속으로 빨려 들어가고 있었다. 그러더니 이내 가슴이 저리도록 그리운 사람이 생각난다.

초등학교 때 나는 고전무용을 했다. 위문공연과 많은 행사로 인해 늘 춤 연습에 시달리던 나는 몸살을 달고 살았다. 그럴 때마다 오라비는 다리를 주물러 주고 차가운 수건으로 찜질을 해주며 힘들어하는 나를 위로해 주었다. 때로는 무대 밑에서 열심히 박수를 보내 주었고 멋있는 무용가가 되라는 말로도 힘을 주었다. 그리고 나를 위하는 일이라면 궂은일을 마다하지 않았다.

육학년 여름방학을 앞두고 제헌절을 맞아 시민회관에서 공연이 있었다. 바쁘신 어머니를 대신해 그날도 내 의상과 소품을 평소처럼 중학생인 오라비가 챙겨 주었다. 「비운의 낙랑공주」라는 독무(獨舞)를 했다. 호동왕자와의 이룰 수 없는 사랑으로 끝내는 자살을 하는 낙랑공주의 슬픔을 다룬 춤이었다. 나는 오열하듯 춤을 추다가 가슴에서 은장도를 꺼내어 북(자명고)을 찢고 자결하는 장면을 열심히 해냈다. 한 손으로 배를 움켜쥐고 다른 한 손으로는 북을 향해 몸을 끌고 가던 모습은 실제로 내게 일어난 일처럼 생각되었다.

삼일간의 공연은 성황리에 끝났다. 내가 무대에서 내려왔을 때 오라비는 내 손을 잡고 "잘했어. 마지막에 죽는 장면은 정말 실감 났어"라며 칭찬을 해주었다. 나는 기뻐서 눈물이 났다.

공연이 끝나고 삼일 째 되던 날은 임시휴일이었다. 친구들과 놀러 나간 오라비는 돌아오지 않고 다른 한 친구로부터 비보(悲報)를 받았다. 금방 다녀 오마하고 나간 오라비는 불의의 사고로 내 곁을 영원히 떠나갔던 것이다.

오라비를 잃은 어린 가슴은 충격이 컸었다. 한동안 눈을 감으면 오라비의 박수치는 소리가 귓전을 맴돌았고 눈을 뜨면 금방이라도 활짝 웃는 모습으로 '힘들지' 하며 다가올 것 같았다.

오라비에 대한 슬픔을 가슴에 묻기 위해 나는 틈만 나면 춤에 매달렸다. 춤에는 슬픔을 승화시키는 신비스런 힘이 있었다. 그래서 우리의 춤은 한과 고통의 표현이며 춤을 추는 동안 기가 증폭되어 한과 고통이 사위어 간다는 생각이 들었다. 슬픔 속에서 혼신을 다해 춤을 추고 나면 마음이 차분히 가라앉곤 했었다. 지금 되돌아보면 무녀가 죽은 영혼을 달래주기 위해 춤을 추었듯이 그토록 열심히 춤을 춘 것은 죽은 오라비가 선령이 되어 좋은 곳으로 가기를 바라는 마음이 아니었나 하는 생각이 든다.

『삼국유사』에 보면 귀신을 달래기 위한 춤을 추었다는 이야기가 있다. 신라 헌강왕 때 아내를 겁탈한 역신에게 처용은 노래를 부르고 춤을 추면서 물러가게 했다. 처용은 아내의 간음을 보고도 노하지 않고 너그러운 마음으로 춤을 추었다. 처용무는 일반적으로 축귀(逐鬼)를 상징하지만 역신은 병을 옮기는 신으로 이승을 떠도는 악령이기 때문에 위협적으로 쫓기보다는 달래야 했을 것이다. 우리나라 사람들의 귀신관은 무당이 춤으로써 악령을 달래면 선령이 되어 산 사람에게 복을 줄 수 있다고 믿었다. 그래서 처용은 노하지 않는 너그러운 춤으로 역신을 달래고 위로해서 저승으로 천도했을 거라는 생각이 든다.

저승을 어원에서 보면 저생(生)의 '생(生)' 이 '승' 으로 변하였다고 한다. 이는 저승에도 삶(生)이 있다는 이야기일 것이다. 저승에도 삶이 있다고 보면 춤을 통해 죽은 영혼을 위로하고 내세에서 새롭게 태어날 수 있도록 인연을 맺어준다는 것은 멋진 일이 아닐 수 없다.

지금도 춤을 볼 때면 문득문득 오라비의 정이 사무쳐 온다.

처용이 춤으로써 역신을 달래주었고 무녀가 영혼을 위로하고 인연을 맺어주듯, 혹여 오라비도 굿당에서의 처녀총각처럼 결혼식을 원하고 있는 것은 아닐까. 오라비를 위해 하늘나라에서 옥황상제의 주례로 아름다운 신부를 맞아 영혼결혼식을 올려 줄 수 있다면 나는 춤을 추어 축하해 주고 싶다. 그러면 이승에서의 한 서린 굴레를 벗어던지고 내세에서는 행복을 누릴 수 있지 않을까.

이화장(梨花庄)의 여름

팔순을 바라보는 어머니는 딸과 손잡고 나들이하는 것을 무척 좋아하신다. 이번에도 동행인 없이는 외출이 불편한 친정어머니를 모시고 우리나라 초대대통령의 사저였던 이화장을 다녀왔다.

빨간 벽돌담에 둘러싸인 사저의 쪽문을 통해 안으로 들어서니 잘 가꾸어진 아담한 정원과 한옥의 고풍스러운 분위기가 낯익은 풍경으로 다가왔다. 뙤약볕 아래에 서서 책을 읽다 말고 손을 번쩍 들어 아는 체를 하는 이 대통령의 동상 앞에 잠시 묵례로 답한 후 조각당(組閣堂)으로 올라갔다.

조각당은 다소 높은 곳에 자리하고 있었는데, 이 터에서 가장 오래된 건물로 우리나라 초대 내각이 조직된 곳이라고 했다. 당시 쓰던 돗자리는 이 여름에 주인을 대신해 손님들을 맞고 있었다. 작고 소박한 건물이지만 나라의 역사가 이루어진 곳이라 그런지 무게감이 느껴졌다.

안채인 전시관으로 들어가기 전 어머니는 몹시 더워 입에서 뜨거운 김이 난다고 하셨다. 어머니를 위해 그늘이 드리워진 처마 밑에서 잠시 땀을 식히려는데, 흑백색의 털이 짙은 고양이 한 마리가 우리 앞을 어슬렁거리며 지나갔다. 살살 기어가는 모습이 어찌나 앙증맞고 여유로워 보이던지 관리직원에게 이곳에서 키우는 고양이냐고 물었더니 들고양이라고 했다. 들고양이도 거처하는 곳이 어디냐에 따라 그 모습과 격이 달라 보일 수 있다는 것을 처음 알았다.

숨을 고른 뒤 전시관으로 들어서자 입구에 걸려 있는 "뭉치면 살고 흩어지면 죽는다."는 글귀가 눈에 들어왔다. 모래알 같은 국민성을 걱정했던 이 대통령의 마음을 읽는 듯 했지만 왠지 이 시점에 받아들이기엔 어울리지 않는 말 같기도 해서 피씩 웃음이 새어나왔다.

이곳 안팎은 많은 사진들로 도배되다시피 했다. 그 중에는 임시정부시절 이 대통령이 일본인들의 눈을 피하기 위해 중국인처럼 분장한 모습과 한복을 곱게 입은 내외분의 노년 모습이 눈에 띄었다. 친정어머니는 프란체스카 여사의 사진을 보더니 "호주댁이네" 하시며 반기는 눈치셨다. 아마 어머니와 같은 연세인 분들은 그녀에 대한 추억을 갖고 계실 것이다. 평소 검소한 생활로 국민들 앞에 모범을 보이고자했던 살림살이들은 이제 정치적인 이념과 함께 역사의 아픔이 된 채 뽀얀 먼지에 뒤덮여 있었다.

짧았지만 60여 년 전의 시간여행을 뒤로 하고 정원으로 나오니 강렬했던 햇살의 기운이 한층 느긋해져 있었다. 전시관 아래쪽에 위치한 며느리가 산다는 살림채에서 수박 몇 조각을 가져와 먹어보라 권했다. 우리는 마치 이 대통령 내외의 하사품인양 반갑게 수박을 건네받고 갈증을 달랠 수 있었다.

이화장의 여름을 온몸으로 느끼며 어머니를 부축해 경사진 길을 내려오는데, 뭉쳐야 살 수 있다고 목청을 돋우던 노 정객의 피 끓는 호소가 매미소리에 실려 끊일 줄 모르고 따라 왔다. 이 대통령에 대한 세인들의 평가는 정치적 이념에 따라 극명한 차이를 보이고 있지만, 그가 울부짖듯 토해내던 그 말만은 우리가 새겨들어야 할 교훈이 아닐까 생각해 본다.

맨션 달동네 사람들

내가 사는 곳은 중랑구에 소재한 신내 12단지 아파트이다. 아파트 뒤로는 온갖 자연의 소리를 들려주는 아담한 산자락이 펼쳐져 있다. 예전에 봉화를 올렸던 봉수대가 있어 이름이 봉화산이다. 이곳으로 이사 온 후로 경관도 좋고 공기도 맑은 이 아파트를 '맨션 달동네' 라 부르고 있다.

'달동네' 하면 우리에게 선뜻 떠오르는 이미지가 있다. 오래 전 방송에서 '달동네' 라는 연속극이 절찬리에 방영된 적이 있는데 서민들의 삶과 애환을 절절하게 그려내 감동을 주었다. 그 후 달동네라는 말 속에는 소외된 사람들이 모여 사는 곳이라는 은유가 자리잡게 되었다.

햇살이 따갑게 느껴지던 어느 날이었다. 한 노인이 굽은 등에 가방을 둘러메고 단지 내를 걸어가는데 몹시 지치고 힘들어 보였다.

나는 그늘에서 잠시 쉬었다 가시라며 말을 건넸다. 차 오른 숨이 가시지 않아 쌔액쌕거리며 숨을 몰아쉬는 노인의 모습이 안쓰러웠다. 일터에서 돌아오는 중이라는 노인은 간암으로 아들을 잃고 혼자 사신다고 하였다. 괴로운 표정을 지으실 줄 알았는데 먼저 보낸 자식이라도 가슴에 품고 있으니 도리어 행복하다고 하셨다. 그러면서 달랑 두 개 남은 길쭉한 이를 드러내 보이시며 평안한 얼굴로 웃으셨다. 노인의 얼굴에 그려진 주름과 퀭한 눈, 왜소한 체격 등을 보아서는 일이 힘에 부칠 듯 보였지만, 그래도 주어진 삶에 순응하며 열심히 사는 듯한 모습을 보니 코끝이 시큰하였다.

맨션 달동네는 신체부자유자나 노인들이 많아 그 어느 곳보다 상부상조가 절실한 곳이기도 하다. 이곳 사람들은, 서로 남이지만 모두들 가족같이 생각하고 힘든 삶이지만 서로서로 도우며 살아가는 톱니바퀴 같은 구조를 닮고 있다. 그러나 사람 사는 곳이면 어디든 무수히 크고 작은 일들이 있게 마련이고 이곳도 예외는 아니다.

얼마 전에는 정신이 온전치 못한 이십대 후반의 청년이 혼자 살다가 외로움을 견디지 못하고 베란다에서 뛰어내렸다. 늘 안고 살아야 했던 외로움이란 보따리를 훌훌 털어버리고 평온한 저 세상 속으로 여행을 떠난 것이다. 한동안 오가며 스쳤던 그 청년의 얼굴이 떠올라 한동안 마음이 울적했다.

그 즈음 내가 하고 있는 일 때문에 단지 내에 있는 어느 집을 방문하게 되었다. 집주인은 마음의 눈으로 보고 손끝으로 읽으며 가슴으로 말하는 조용한 맹인부부였다. 그런데 현관문을 들어서자 깔끔하게 정리정돈된 살림살이가 한눈에 들어와 적이 속으로 놀랐다. 가지고 간 서류를 읽어주고 답변을 받아 적었다. 그 부부는 저녁 늦은 시간에 일터로 나갔다가 아침에 돌아온다고 하였다. 그런데 말을 할 때마다 얼음 통에서 갓 꺼낸 사이다 맛 처럼 시원한 미소가 퍽 인상적이었다. 얼굴에도 그늘진 구석은 전혀 찾아볼 수가 없었다. 일을 마치고 일어서려는데 점심식사로 수제비를 끓였다며 손을 잡았다. 집을 나오면서 저들의 환한 얼굴이 이 맨션 달동네를 어둡지 않게 비쳐주는 한줄기 빛이 아닐까 하는 생각이 들었다.

이 아파트로 이사 온 후 한동안 혼란스러웠다. 단지 내 어디를 가도 말동무가 그리운 노인들이 화단 턱에 일렬로 앉아 있었고, 혼자 살면서 정이 그리운 이들은 그렁그렁한 눈빛으로 지나가는 사람들을 뚫어져라 쳐다보았다. 부모의 손길을 그리는 많은 아이들, 수시로 일어나는 죽음과 관련된 사건들, 일상생활처럼 들려오는 파출소나 119구급대의 사이렌 소리, 유난히 많은 장애인들, 전에는 접해보지 못했던 생경한 모습들이었다.

그러나 얼마 지나지 않아 맨션 달동네 사람들로부터 새로운 삶의 길을 배우고 있다는 것을 깨달았다. 맛있는 음식은 갖은 양념으로 만들어지듯, 즐겁고 윤택한 삶은 많은 노력이 들어가야만 이루어진다는 이치를 깨닫게 된 것이다. 비록 달동네 서민들이지만 나름대로 주어진 삶에 최선을 다하며 밝고 즐겁게 살고 있는 모습이 가슴으로 훈훈하게 전해졌다. 무엇보다도 크고 작은 일에도 쉽게 하나가 되어 어우러지며 인간의 따뜻한 정이 어느 곳보다도 짙게 묻어난다는 사실도 알게 되었다.

오늘도 '맨션 달동네'의 인생 마라토너들은 희망의 고지를 향해 성실과 인내의 길을 열심히 달리고 있다. 나도 그들 속에서 이 동네 사람들의 살아가는 방식을 하나하나 터득해 가며 함께 달릴 것이다.

어머니의 그늘

얼마 전 친정어머니는 일흔 번째 생신을 맞으셨다. 자식들의 넉넉지 못한 생활이 마음에 걸린다며 여행도, 잔치도 한사코 마다하셨다. 자식들이라고 변변한 효도 한 번 못해드렸는데 이번만큼은 어머니에게 그동안 소원(疎遠)했던 분들을 모셔와 적적함을 달래드리고 싶었다.

한복을 입고 상차림 앞에 앉으신 어머니는 목련처럼 단아하고 고우셨다. 젊어서는 자식들 키우느라 당신 생활 접으시고, 이제는 손자들 키우느라 종종걸음을 치시는 어머니여서 그저 뵙고만 있어도 콧날이 시큰하였다. 비록 지나온 삶이 고단했을지라도 어머니의 삶은 자식들에게 값진 버팀목이었다.

어머니는 삼십대 초반에 남편과 금쪽 같은 자식을 둘이나 잃으셨다. 남편을 잃었을 때 동네 사람들은 올망졸망한 아이들을 남의 집에 주고 재혼하라고 하였다고 한다. 그러나 어머니는 묵묵히 흐르는 시간에 한과 모든 잡념을 실려 보내고 오로지 앞만 보고 달려오셨다.

여의도에 아파트 건설이 한창이었을 때는 그곳에서 남자들도 하기 힘든 일을 몸을 사리지 않고 하셨다. 일을 마치고 돌아온 어머니는 몸이 늘 녹초가 되어 고열에 시달리셨다. 하지만 다음날 새벽이면 어김없이 출근하셨다. 임금이 높았기 때문에 일자리를 잃지 않기 위해서였다. 이러한 근면성실성 때문에 직장에서는 모범사원 상을 타시기도 여러 차례였다.

하루는 봉급을 타와 옷 궤짝 속에 넣어놨는데 흔적도 없이 사라졌다. 망연자실하고 있는 어머니가 안쓰러워 나는 "엄마, 이렇게 힘들게 사시지 말고 재혼하세요. 동생들은 제가 잘 돌볼게요."라고 하였더니 어머니는 그저 조용히 웃기만 하셨다. 부모은중경(父母恩重經)에서는 불설(佛說)로 어머니의 은혜 열 가지를 들어 무엇에도 비할 수 없다고 하였다. 그 중에 끝까지 어여삐 여기며 불쌍히 여기는 은혜가 있다. 그래서였을까. 당신 살을 파 먹이는 한이 있어도 그럴 수는 없는 일이라며 자식들을 건사하셨다.

젊어서 너무 힘든 일을 많이 했던 탓인지 요즘 들어서 어머니의 건강이 좋지 않으시다. 잔치가 있기 얼마 전에는 계단을 내려가다 쓰러지셨다. 아무도 없는 곳에서 당신 혼자 움직이지 않는 두 다리를 끌고 겨우 방으로 들어가셨다. 식구들이 퇴근하기까지 수 시간 동안 일곱 살짜리 손자에게 소변을 받아내게 하였으니 십 년은 감수하셨으리라. 며칠 후 어머니는 이대로 저 세상으로 가는 것은 아닌가 하는 두려움이 있었다고 하셨다. 자식들은 어머니의 몸과 마음을 헤아리지 못하고 그저 언제까지고 건강하실 줄 알고 있었다. 그런데 어머니는 자식의 굴레에서 벗어나지 못하신 채 어느새 일흔이라는 고개에 올라와 거친 숨을 고르고 계셨던 것이다.

자식들이 예를 갖추기 전에 어머니는 외할머니를 당신의 자리로 모셨다. 올해 95세이신 외할머니는 아직도 교회를 다닐 정도로 정정하시다. 외할머니께 어머니는 두 딸의 부축을 받으며 큰절을 올렸다. 어머니의 겹쳐진 두 손은 겨울바람에 문풍지 떨 듯 하였고 눈시울은 젖어 있었다. 교통사고로 저승문턱까지 갔다 오신 외할머니의 그늘은 내 어머니에게 남다른 복일 것이다. 문득 어머니의 그늘은 시공을 초월하여 그리움의 대상이 되고 있다는 생각이 들었다. 바로 얼마 전에 읽은 고려사 열전에는 이런 이야기가 있다.

문종(文宗) 때 중 석주(釋珠)는 고아라는 허무감 때문에 머리를 깎고 중이 되었다. 그런데 어찌나 부모가 그리웠던지 부모 형상을 나무로 깎고 그림으로 장식하여 조석(朝夕)으로 정성을 다 하고 봉양하기를 산사람처럼 하였다 한다. 아직은 어머니의 그늘에 안주하고 있는 내가 어떻게 석주의 마음을 다 헤아릴 수 있을까. 다만 그 사실이 더 없는 기쁨이란 것을 새삼 느끼고 있을 뿐이다.

자식들이 예를 갖추기 위해 어머니 앞에 섰다. 어머니는 온화한 미소를 넌지시 던져주셨다. 한사코 잔치하는 것을 마다하셨지만 흐뭇하신 모양이었다.

부디 건강하신 모습으로 만수를 누려 주십사 기원하며 어머니께 큰절을 올렸다. 어머니는 오랜 가슴앓이를 훌훌 털어 버린 듯 아들 등에 업혀 덩실덩실 춤을 추셨다. 평소에 조용한 성품이라 그토록 즐거워 하셨던 모습을 뵌 적이 없어 가슴이 저려왔다. 그 모습을 오래도록 내 마음에 담아 두었다가 어머니가 쓸쓸해하실 때마다 조금씩 꺼내어 드려야겠다.

사회자가 '어머니의 마음' 을 부르자 모두가 숙연하게 따라 불렀다. 나는 그 노래를 부르면서 내 어머니의 심정이나 고아인 중 석주의 마음에 쉽게 공감이 갔다. 이를 천륜이라 했던가.

누구나 갖는 심정이겠지만 외할머니의 그늘에서 일흔 잔치를 하신 어머니처럼 나도 오래도록 어머니의 그늘에서 머물고 싶다. 그래서 먼 훗날 나의 일흔 잔치에서도 어머니께 큰절을 올릴 수 있기를 소망한다.

소포

이른 아침에 친정어머니가 전화를 하셨다. 착 가라앉은 음성이 심상치 않게 느껴졌다. 무슨 일이 일어났나 싶어 놀란 마음에 말까지 더듬으며 전화를 받았다. 이야기를 듣고 나니 젊은 나도 걱정이 되는데, 연세가 많으신 어머니의 마음은 얼마나 놀라셨을까.

영등포 경찰서에서 어머니 앞으로 소포를 보냈는데 이사를 해서 받지 못하셨다. 이웃의 연락을 받고 부랴부랴 전에 살던 집으로 달려갔다. 출입문에 붙어 있던 쪽지를 보니 여의도 우체국을 방문해 직접 찾아가라는 것이다. 그런데 오늘까지 찾아가지 않으면 소포는 경찰서로 되돌아간다는 말에 어머니는 당신 혼자 가실 수 없으니 함께 가자는 것이다.

자라보고 놀란 가슴 소댕 보고 놀란다고 어머니는 경찰서라는 말에 많이 놀라셨던 모양이다. 경찰서에서 연세 드신 어머니에게 소포를 보낼 일이 무얼까, 혹 아이들에게 누가 되는 일은 아닐까. 어머니뿐만 아니라 경찰서와 관련되어 있다는 말을 들으면 어느 누구도 기분 좋은 일은 아닐 것이다. 그러니 경찰서에서 소포가 왔다는 전갈을 받은 어머니는 머리에 무거운 쌀가마니를 이고 계시는 심정이셨을 게다. 어머니의 마음이 십분 헤아려져 출근을 미루고 여의도에서 어머니를 만나 우체국으로 달려갔다.

담당 직원에게 쪽지를 건네고 어머니와 나는 마음을 졸이며 기다렸다. 시간이 한참 흐른 뒤 작은 봉투 하나를 들고 왔다. 소포라는 말이 무색할 정도로 부피가 아주 작았다. 담당 직원은 신분증이 있어야만 물건을 줄 수 있다고 했다. 가방을 뒤지시던 어머니는 그때야 신분증을 분실했다는 사실을 알고, 그 봉투 안에 있는 것이 혹시 지갑이 아닐까 하셨다. 하지만 담당 직원은 신분증을 확인하는 것이 우선이기 때문에 봉투를 개봉할 수 없다고 했다. 몇 번이고 실랑이가 오고간 뒤에 직원이 봉투를 찢고 내용물을 손바닥에 쏟았다. 작고 예쁜 까만색 지갑이었다. 지갑 안에는 돈이 될만한 것은 물론이고 전화카드까지 보이지 않았다. 그래도 어머니의 주민등록증과 동생 사진이 있었다. 그때서야 담당 직원은 소포의 주인이 어머니라는 것을 확인하고 웃으면서 물건을 건네주었다. 안도의 한숨을 내쉬는 어머니를 보면서 나도 경찰서라는 말에 놀란 마음을 진정시켰다.

우체국을 나오며 어머니가 입고 있는 옷을 보니 문득 이십여 년 전의 일이 생각났다. 어머니에게 그때의 일이 생각나느냐고 했더니 옷 주인에게는 미안한데 오래도록 따뜻하게 잘 입고 있다며 고개를 끄덕이신다.

바로 이때쯤이었다. 가볍지만 아주 커다란 소포 하나가 우리 집에 배달되었다. 사실 배달되었다기보다 그냥 놓고 갔다고 해야 옳은 말일 것이다. 주소는 맞는데 받는 사람 이름이 없었다. 그렇다고 선뜻 뜯어볼 수도 없고 해서 그냥 일주일 정도를 놔두고 집배원이 다시 오기만을 기다렸다. 서로 시간이 맞지 않았는지 우체부를 만날 수가 없었다. 그래도 혹시 몰라 가까운 이웃들을 방문하며 보낸 사람 이름을 대면서 이런 사람을 아느냐고 물었다. 아무도 아는 이가 없었다. 그렇게 한 달 정도가 지났을 때 나는 어머니에게 뜯어보자고 했다. 겨울옷이었다. 옷감의 이름은 모르지만 당시에 유행하던 가볍고 따뜻한 웃옷이었다. 색상도 화려하고 겉에 입거나 코트 속에 입어도 좋을 옷이었다. 우리 것이 되려고 했던지 결국 그 옷은 주인을 찾지 못했다.

그렇게 해서 어머니가 입기 시작한 옷은 벌써 이십여 년이 되었고, 지금은 조금 작아져 늘린 것 말고는 그대로다. 가끔은 옷의 주인에게 미안한 생각이 들지만 겨울만 되면 어머니가 따뜻하게 즐겨 입는 옷이기에 고마운 마음이 앞선다.

여의도 우체국에서 어머니 집까지는 교통편이 불편하여 한참을 걸어야 버스를 탈 수 있다. 오늘따라 된바람이 불고 있어 장갑을 끼지 않은 어머니의 손이 유난히 시려 보인다. 급히 나오시느라 놓고 오신 것이다. 내 장갑을 드리겠다고 하니 주머니가 있어 괜찮다고 하신다. 그러면서 이제 혼자 갈 수 있으니 얼른 출근을 하라고 하신다. 나는 갑자기 장난을 치고 싶은 마음이 들어 일부러 안 된다고 했다. "오늘은 지갑이니까 작아서 부담이 없지, 만일 우체국에서 어머니 찾아가라는 연락을 받으면 어떻게 해요? 그때는 소포의 덩치도 이렇게 클 텐데요. 그러니 버스 타시는 것을 봐야 마음이 놓입니다" 라고 하면서 손을 머리위로 치켜들어 보였다. 어머니는 큰딸의 농담이 재미있었던지 주름 잡힌 눈을 살짝 흘기며 버스에 오르셨다.

어머니를 보내드리고 돌아오는 길에 나는 이런 생각이 들었다. 혹 우리의 인생도 소포로 오는 것은 아닐까. 그렇다면 나의 인생 소포는 제대로 온 것일까. 이십여 년 전 한때 남편이었던 사람에게 잘못 배달되었던 것은 아니었을까. 그렇다면 본래 내 인생 소포의 현주소는 어디였을까. 어머니에게 온 소포가 잠시 주인을 찾지 못해 방황을 했듯이 어쩌면 내 인생 소포도 아직 방황하고 있는지도 모른다. 앞으로의 삶 속에서 혹여 그 현주소를 찾아갈 수는 있을까.

그러나 어머니가 잘못 배달된 옷으로 인해 따뜻하고 행복하게 사시는 것처럼 잘못 배달되었다고 생각되는 내 인생도 나름대로 행복했다고 생각한다. 남은 인생에서 내 삶의 현주소를 찾는다 해도 아마 나는 지금까지의 삶이 더 행복했노라고 얘기할 지도 모르겠다. 모든 인생사는 생각 나름이 아니겠는가.

도배

이사 온 후 십이 년 만에 도배를 하게 되었다. 집안 곳곳의 벽지나 장판이 낡아 아무리 속내를 아는 사람이라고 해도 현관문 들이기가 민망해 더 이상 미룰 수가 없었다. 여느 집 같았으면 적어도 두세 번은 했을 도배인데 모든 것을 혼자 해결해야 하는 입장이다 보니 번거로움에 차일피일 미루다가 여기까지 오게 되었다.

일을 맡은 사람들이 늦어도 일곱 시까지는 물건을 모두 치워놓으라고 하기에 약속을 지키느라 동틀 무렵부터 짐을 옮기기 시작했다. 좁은 집에 무슨 물건들을 그리 쌓아놓고 살았던지 짐을 밖으로 내놓는 일도 만만치가 않았다.

여덟 시쯤 사십 대로 보이는 여성 둘이 일을 하러 왔다. 집이 좁아 세 시간이면 끝낼 수 있을 것이라고 했다. 들뜨는 곳이 없도록 잘 부탁한다고 하고 간간이 시중을 들면서 기다렸다.

여성들의 섬세한 솜씨를 기대했던 것과는 달리 그녀들은 일을 시작하자마자 투덜대기 시작했다. 기존의 벽지가 잘 뜯어지지 않는다고 구시렁구시렁, 욕실의 천장은 아직 깨끗한데 굳이 교체를 할 필요가 있느냐고 삐죽삐죽, 형광등이 잘 끼워지지 않는다고 투덜투덜, 거저 하는 일도 아닌데 무슨 불만이 그렇게 많은지. 불편한 마음으로 일하는 모습을 보니 산뜻한 마무리가 걱정되었지만, 구시렁대는 소리가 듣기 싫어 살며시 밖으로 나왔다.

오전에 일찍 시작한 일은 오후 세 시가 되어서야 끝이 났다. 그들이 돌아간 후 이곳저곳을 훑어보니 실망감을 감출 수가 없었다. 욕실 천장은 매끄럽지 않게 여기저기 들뜬 곳이 많았고, 방안의 벽지들은 울퉁불퉁 결이 고르지 않았다. 잘 뜯어지지 않는다고 기존의 벽지를 깨끗하게 처리하지 않고 그냥 덧붙여 바른 까닭이었다. 바닥 마감재 역시 마찬가지였다. 비로 잘 쓸어낸 뒤에 장판을 깔아야 하는데 그렇게 하지 않은 모양이었다. 잔소리한다는 말이 듣기 싫어 믿고 맡긴 결과였다.

허탈한 마음으로 한참을 서 있었다. 문득 사람의 관계도 이와 같으려니 했다. 결이 고르지 못한 도배의 모습이 꼭 얼마 전 내 처지 같아서이다.

몇 해 전 아들의 등록금이 조금 부족했을 때 큰 식당을 운영하며 그런대로 부유하게 사는 친구에게 약간의 돈을 빌린 적이 있다. 평상시 누구에게든 잘 빌려주지 않는 친구라 아주 힘겹게 빌렸다. 잠깐 쓰고 갚겠다고 한 것이 변수가 생겨 일을 못하는 바람에 그만 약속한 시일을 넘겨 버렸다. 불만을 토로하는 친구에게 얼마간 말미를 달라고 사정을 하고서는 대답은 듣지 못했지만 묵인한 것으로 알았다.

두 달 후쯤 아들이 교통사고로 사경을 헤매고 있을 때 친구에게서 빌려간 돈을 갚으라는 전화가 왔다. 지금은 형편이 이러하니 조금만 기다려 달라고 사정을 해 봤지만 친구는 아랑곳하지 않고 당장 갚지 않으면 가만두지 않겠다고 악담을 퍼부었다. 사십년지기 친구라는 것만 믿고 허물없이 기대었던 그녀에게 가슴팍을 떠밀린 기분이었다. 그때 말없이 내 곁을 지켜주고 있던 다른 친구의 도움으로 해결을 할 수 있었지만 그 일 이후 나는 친구와 연락을 끊고 지냈다.

모든 것이 내 잘못으로 시작된 것인데 왜 그렇게 친구에게 서운한 감정을 가지게 되었던지 가슴에 앉은 상처는 쉽게 아물지가 않았다.

그렇게 지내기를 몇 해, 어느 날 우연히 상가(喪家)에서 친구의 뒷모습과 맞닥뜨렸다. 순간 그때 상황이 떠올라 심장이 뛰면서 많은 생각이 교차되었다. 벽 뒤로 한 발짝 물러서서 생각을 정리했다. 합석을 해야 하나, 아니면 밖에서 시간을 보내다가 친구가 간 뒤에 들어가야 하나. 하고많은 시간 다 놔두고 하필이면 같은 시간에 친구와 한 공간에 있게 한 것일까. 혹 예비된 무엇이 있는 것은 아닐까.

친구는 내 안에서 뜯어내지 못한 벽지로 남아 있었던 것이다. 말끔하게 뜯어내는 작업은 응당 내가 해야 하는 몫이었음에도 다급한 내 사정 때문에 아무렇게나 얼버무려 버렸다. 그런 내 행동은 염두에 두지 않고 결이 고르지 못하다고 투덜대기만 했으니 친구는 그 속에서 또 얼마나 나를 원망하며 힘들어 했을까. 또한 자꾸만 들떠 오르기만 했던 나와 그 친구 사이를 보는 다른 친구들의 시선은 안타까움으로 물들었을 것이며, 마음도 편할 리 없었을 것이다.

나는 결심을 하고 아무 일이 없었던 듯 먼저 인사를 했다. 친구도 반갑게 맞아주었다. 친구의 본심을 오해한 내 잘못이 컸었다고 생각하니 한편으론 미안한 마음마저 들었다. 벽지 속의 이물질처럼 남아 있던 오해의 소지를 걷어내고 나니 어깨에 매달려 있던 짐 하나를 내려놓은 듯이 홀가분해졌다.

사람의 관계에서도 이같이 고르지 못한 벽지를 붙이고 사는데, 하물며 이까짓 불만쯤이야 곁에 두지 못할 정도의 흉은 아닌 것 같아 기분을 돌려 본다.

사랑의 울타리

몇 년 전 나는 아파트 단지 내 상가에 가게를 내었다. 학생들이 주 고객인 내 가게는 아담하면서도 활기가 넘쳤다. 손님으로 오는 학생들의 꾸밈없는 웃음과 이야기는 나에게 큰 즐거움이 되었다.

햇살이 따사롭던 어느 날 아침에 출근을 해 보니 가게 안은 아수라장이 되었고 진열장 위에는 누군가가 왔다간 흔적이 역력했다. 어림잡아 계산을 해도 천여 만 원이 넘는 게임기와 CD 등 고가품의 물건들이 없어진 것이다. 주변 사람과 학생들의 이야기를 들어보니 최 군이라는 학생에게 심증이 갔다. 최 군은 평소에도 문제가 있는 아이라고 주변 사람들이 귀띔해 주었다. 나는 최 군을 만나보려고 이리 저리 수소문해 보았지만 헛수고였다.

그러던 차에 최 군은 내가 잃어버린 물건과 유사한 제품을 내게 팔러 왔다. 쌍둥이라 해도 부모는 직감적으로 알 수 있듯이 내 것이라고 쓰여 있지는 않았지만 내 물건이라는 확신이 있었다. 바른대로 얘기해 주면 용서해 준다고 하니까 최 군은 자초지종을 술술 털어놓았다. 물건을 훔쳐간 행위보다 순순히 자백하는 순박함이 단단히 죄값을 물리고 싶었던 내 마음을 누그러뜨리게 했다.

나머지 물건을 회수하기 위해 최 군의 어머니를 만났다. 그러나 최 군 어머니는 사과보다는 나를 거꾸로 몰아 붙였다. 물건을 훔친 사람이 잘못이 아니라 훔칠 수 있는 물건을 파는 사람이 잘못이라는 것이었다. 몇 가지의 물건을 찾은 것으로 이 일을 덮어두려 했지만 최 군의 어머니로 인해 일은 더 악화되었다.

결국 최 군은 경찰서까지 가게 되었고 나와 최 군의 어머니도 함께 갔다. 신원조회 결과 최 군은 놀랍게도 이런 일이 처음이 아닌 것으로 드러났다. 상황이 이렇게 되자 최 군 어머니는 이제 자신의 아들을 몰아 붙였다. 나는 최 군이 왜 그렇게 되었는지 짐작이 갔다.

형사는 정상참작은 하되 전력이 있어서 재판을 받아야 한다고 했다. 순간 최 군은 눈물을 훔치며 고개를 떨구었고 나 또한 죄인이 된 듯 가슴이 두근거렸다. 그제야 최 군의 어머니는 형사와 내 사이를 오가며 선처를 호소했다.

최 군의 어머니를 보고 있으려니 시조 하나가 떠오른다. "까마귀 싸우는 곳에 백로야 가지마라./ 성낸 까마귀 흰 빛을 새올세./ 청강에 조히 씻은 몸을 더럽힐까 하노라." 옛날 정몽주의 어머니가 지었다는 이 시조에는 자식이 나쁜 곳에 빠질까 염려하고 경계하는 어머니의 사랑이 깃들어 있다고 하겠다. 한 인물이 충신이 되기까지는 어머니의 애틋한 사랑의 울타리가 있었던 것이다. 나는 최 군의 어머니와 충신을 키운 어머니의 단적인 면을 보고 있다는 생각이 들었다.

이제 최 군은 법의 심판을 받게 되었다. 최 군을 가두어둔 싸늘한 분위기의 경찰서를 나서려 하니 왠지 모를 무거운 구름이 밀려와 눈시울이 젖어 왔다. 어쩌면 최 군은 먼지로 흐려졌을 뿐 닦으면 맑아지는 거울일지도 모른다. 아이의 운명은 어머니가 만든다는 나폴레옹의 말이 내 마음을 무겁게 했다. 차라리 내가 손해를 보더라도 경찰서까지는 오지 말았어야 하지 않았을까.

내가 최 군만 하던 학창시절은 어려웠다. 그러나 겨울이면 따뜻한 난롯가에서 어머니가 싸주신 도시락을 데우며 정을 나누었고 별명을 부르며 웃음꽃을 피웠었다. 그 도시락 속에는 자식이 반듯한 사람이 되게 해달라는 어머니의 간절한 기도와 사랑이 들어 있었다. 어려웠던 학창시절을 모나지 않게 보낼 수 있었던 것은 어머니의 기도와 사랑을 고루 섭취할 수 있어서였다는 생각이 든다.

서정범 선생님의 수필에 '밤송이의 가시는 어머님이 자식을 키우시느라고 험한 가시밭길을 걸어온 뜻이요, 껍데기는 그 험한 가시밭길에서도 자식들을 사랑으로 감싸려는 의지라 하겠다.' 라는 글귀가 있다. 껍데기 안의 튼실한 알맹이를 만들어내기 위해 어머니는 사랑의 울타리로 세상의 모든 풍파와 대항했을 것이다. 어쩌면 법의 심판대로 가야할 사람은 따뜻한 난롯가의 도시락의 정과 험한 가시밭길을 걸어온 어머니의 사랑을 잊고 사는 우리들이 아닐까.

이번 일을 계기로 나는 아이에게 어머니로서의 역할을 잘 하고 있는지 돌아보게 된다. 사소한 것에도 상처를 받는 아이에게 말 한마디, 행동 하나가 누가 되어 밖으로 나돌게 한 적은 없었는지, 좀 더 사랑하고 이해하도록 노력했는지 두루 되돌아보게 된다.

내 아이가 최 군의 자리에 선다면 나는 어머니로서 어떤 모습일까. 과연 최 군의 어머니와 다르다고 할 수 있을까. 최 군의 어머니도 방법이 다를 뿐 자식에 대한 어머니의 사랑이었는지도 모른다. 최 군과 그의 어머니에 대해 좀더 관대하지 못한 것이 아쉬움으로 남는다.

아이들은 좋은 어머니를 필요로 하지만 정작 좋은 어머니의 역할이 얼마나 어려운가를 새삼 깨닫는다. 나이 사십이 넘어서야 나를 낳아 키워주시고 사랑의 울타리가 되어주신 어머니가 얼마나 훌륭한가를 생각하니 가슴이 뭉클해진다.

아들과 화초

갱년기에 접어들면서 별 관심을 두지 않았던 화초가 눈에 들어오기 시작했다. 처음엔 공기 정화에 좋다고 해서 한두 개 들여 놓았다가, 맑고 시원한 표정들이 행복해 보이고 내 삶에도 즐거움을 가져다주어 어느새 여러 식구를 거느리게 되었다. 스파티필름, 센세베리아, 인도고무나무, 테이블야자, 금전수 등 제때에 물만 공급해 주면 별다른 재배기술이나 요령 없이도 잘 자라는 화초들로 실내 정원이 만들어진 셈이다.

외출에서 돌아올 때면 왁자한 느낌마저 들 정도로 잎을 반짝거리며 반겨주는 모습이 꼭 내 편들어 줄 식구같이 느껴지기도 했다. 그런데 이렇게 탐스럽고 건강하게 자라던 것들이 얼마 전 반란을 일으켜 여간 걱정스러웠던 게 아니었다. 일을 다시 시작한 내가 바쁘고 힘들다는 핑계로 서너 주 이상을 물도 주지 않고 내버려 두었던 것이다. 어느 날 문득 생각이 나 들여다보니 특히 물을 좋아하는 스파티필름의 뽀얀 꽃은 잘 마른 불쏘시개가 되어 있고, 이파리들은 누렇게 변했거나 맥없이 늘어져 볼썽사나운 모양을 하고 있었다.

오래전 제법 값이 나가는 난을 몇 개 선물로 받은 적이 있었다. 처음에는 고급 난을 키우게 된 것이 즐거워 신경을 바짝 쓰고 살폈다. 일주일 간격으로 물을 주고 잎의 먼지를 닦아주며 정성을 쏟았다. 그러다가 차츰 꾀가 나서 게으름을 피웠더니 난 잎이 하나 둘 말라갔다. 결국 빈 화분만 덩그러니 남게 되었다. 그러한 일이 있은 후 마음이 좋지 않아 한동안 화초를 키우지 않았었다. 난을 선물로 준 이에게도 미안하고 생명이 있는 식물을 홀대해서 죽게 되었다는 자책도 있었다.

그때 일을 떠올리며 뒤늦게 물을 주고 영양제를 사다 꽂아주며 수선을 떨었다. 아침저녁으로 말을 걸며 아는 체 해 주기를 여러 날, 화초들이 기운을 차리고 살아나기 시작했다. 테이블 야자는 쭉 기지개를 켜고, 홍페페는 잎이 반들반들 화색이 돌았으며, 스파티필름은 다시 하얀 꽃을 피워 올렸다. 집안 분위기에 생기가 돌았다.

이렇듯 화초도 정성을 쏟지 않으면 시들어 가는데, 자식이야 오죽하겠는가. 요즈음 아들이 자주 아프다. 직장생활이 적성에 맞지 않아 자기 사업을 하고 싶어 하지만 뜻대로 되지 않아 정신적인 스트레스가 많다. 품 안의 자식일 때는 어디가 조금만 아파도 어미 노릇을 할 수 있었는데, 지금은 따로 나가 살고 있어 제대로 돌볼 수가 없다. 끼니는 거르지 않는지, 아픈 데는 없는지, 제대로 된 직장생활을 하지 않으니 경제적인 어려움은 없는지, 마음으로 걱정하는 게 고작이다. 돌이켜보니 제대로 돌보지 못했던 것은 아들이 어려서 부터였다는 생각이 든다.

아들은 어려서부터 잔병치레를 많이 했다. 태어난 지 육 개월 되었을 때는 급성 폐렴을 앓았고, 다섯 살 무렵에는 유치원에서 급체를 해 입원을 하기도 했다. 기관지가 좋지 않아서인지 감기를 달고 살았으며 걸핏하면 소화불량으로 고생을 했다. 그럴때마다 나는 제대로 돌보지 못했고, 초등학교를 졸업할 때까지 외할머니의 손에서 자라다시피 했다. 그러던 아들이 성인이 된 지금도 저렇듯 온전치 못하다.

올봄, 아들은 대장에서 선종을 세 개나 떼어냈다. 선종은 암의 전 단계라고 하지 않던가. 이제 스물아홉인데 건강이 말이 아니다. 늦게 배운 도둑이 날 새는 줄 모른다고 병영생활을 마칠 때쯤 배우기 시작한 술과 담배가 적지 않은 영향을 끼친 것 같다. 물론 그것이 화근이라고 단정할 수는 없지만 하나의 원인을 제공했을 것이라고 여겨진다. 지금은 의사의 처방에 따라 금연도 했고 술도 자제하는 편이다. 진작부터 건강을 제대로 챙겨주지 못한 것이 못내 후회가 된다.

며칠 전에는 두통이 심하고 잠이 오질 않아 고민이라고 했다. 변변한 일을 갖지 못해 앞날이 걱정되어서일 거라 짐작하면서도 전에 당한 교통사고와 삼 년 전 앓았던 신종플루의 후유증은 아닐까 하는 마음이 앞섰다. 교통사고로 아들은 이틀 동안이나 사경을 헤매다가 겨우 깨어났다. 팔, 다리, 얼굴 어느 한구석이 성한 데가 없었다. 한 달이 넘도록 입원해 있으면서 얼마나 가슴을 졸였던가.

그뿐인가. 삼 년 전, 신종플루가 한창 기승을 부렸을 때 예상외로 여러 사람들이 목숨을 잃었다. 그때도 아들은 비켜가지 못하고 보균자가 되어 고열에 시달렸었다. 약을 구할 수가 없어 그저 바라만 보았던 내 마음은 무엇으로 설명할 수 있었을까. 다행히 이번에 한 검사에서 별다른 이상 소견은 없었지만 아들이 아플 때마다 늘 롤러코스터를 타는 심정이다.

오늘도 나는 아들에게 전화를 건다. 시들해진 화초는 물 한 바가지로 되살릴 수 있지만 내 아들의 처진 어깨는 무엇으로 추켜세울 수 있을까. 식사는 거르지 않았는지, 어디 아픈 데는 없는지, 어미라는 자리에서 늘 조바심이다.

2부

숨 쉬는 항아리

숨 쉬는 항아리

아들의 오피스텔에 가려고 버스를 탔다. 함께 오른 젊은 여성은 초행인지 기사에게 "봉은사 입구에서 내려주세요" 한다. 그러자 기사가 "네에? 저야 젊은 여성분을 잘 내려드리고 싶지만, 차 안에 보는 눈이 많아 그럴 수는 없고 그곳에서 세워드릴 테니 내리시지요." 했다. 순간 버스 안은 웃음바다가 되었다.

처녀 적 B그룹 식품회사 총무과에 근무할 때였다. 각 부서에는 기, 도, 구 등 다양한 성을 가진 부서장들이 있었다. 어느 날 우 상무가 옆방에서 근무하는 도 이사와 통화를 하면서 "아, 저 웁니다."라고 하자, 나란히 앉은 여직원 셋이서 "어머 상무님 좀 봐. 갑자기 왜 우신다는 거야? 아마도 도 이사님은 '예, 저는 돕니다.' 라고 했겠지?" 하며 배꼽을 잡고 웃은 적이 있다.

며칠 전에는 같이 근무하는 남자동료의 지인들이 사무실을 방문

했다. 이런 저런 이야기 속에 가까운 사이여서 그런지 예쁘고 복스러운 분위기의 한 여성에게 다른 여성이 "숨 쉬는 항아리"라는 별명을 지어주었다. 후덕하면서 예쁜 모습을 긍정적으로 나타내는 별명이어서 그런지 모두가 잘 어울린다며 한바탕 웃었다.

지금 생각하면 버스기사의 말이나 별명을 지어 부를 때 자칫 성 비하니, 모욕이니 하여 민감한 반응을 보일 수도 있었다. 하지만 별 문제 없이 웃고 지나칠 수 있었던 것은, 버스 안 승객들이나 사무실의 다른 사람들도 그저 남의 말을 듣는 것이 즐거웠을 뿐이었던 게 아니었을까 한다.

옛날 우리의 선비들은 풍광 좋은 자연 속에서 여가를 즐겼다. 술 한 잔 주고받다 홍이 고조되면 돌아가면서 시 한 수를 지어 대화를 대신하곤 했다. 이때 해학이 넘치는 대화라도 오고 갈 때는 통쾌한 웃음 한바탕으로 모든 시름을 훌훌 날려 보냈을 것이다. 시절의 태평성대를 갈망하고, 동문수학들의 우정을 담은 시구 하나하나에는 그들만의 즐거움이 녹아 있었지 않았을까.

이렇듯 사람들 속에서 직접 누군가가 주고받는 대화를 듣든, 책 속에 실려 있는 선인들이나 가공인물들의 대화를 듣든, 해학이 넘치는 남의 말을 듣는다는 것은 분명 삶에 윤활유가 되고 있다고 할 것이다.

중국 진나라 시인 도연명은 '술은 근심을 쓸어내리는 비라면, 웃음은 생활의 활력을 불어넣는 묘약이다' 라고 했다. 남의 장점을 살려주고 웃음을 주는 말이라면 우리네 삶에 활력소를 주는 진정한 묘약이 아닐까.

'숨 쉬는 항아리' 라는 별명을 얻은 그 여성이 환하게 웃던 얼굴이 문득 떠오른다.

성현들의 기침 소리

문인들과 파주나들이에 나섰다. 문산역에 도착하니 강남 갔던 제비가 돌아온다는 춘분인데 날씨는 초여름을 방불케 한다. 2년 전 이곳을 지나 고려 500년의 역사가 숨 쉬고 있는 개성관광을 다녀왔는데 다시 찾으니 감회가 새롭다.

파주는 고구려 장수왕 때 술이홀현이라는 이름을 얻어 파주목 등 여러 차례 이름이 바뀌면서 1996년 파주시로 승격하였다. 신도시로 하루가 멀게 발전하고 있는 이곳에는 황희, 황보인, 성혼, 이이, 윤관, 신라 마지막 왕인 경순왕 등 많은 성현들이 잠들어 있어 세인들의 발길을 불러들이고 있다.

쇠꼴마을 김교화 촌장의 안내를 받아 먼저 찾아간 곳은 절육신을 모신 월계단이다. 계유정란 때 처형되었던 황보인, 김종서, 정분, 김문기, 민신, 조극관을 모신 이 제단은 단종시대의 애환을 품은 채 황보인의 묘역을 가는 길목에 서 있다. 이곳을 오늘에야 알게 되었지만, 갖은 회유와 철퇴 앞에서도 '충신(忠臣)은 불사이군(不事二君)이요, 충언(忠言)은 역어이(逆於耳)-충신은 두 임금을 섬기지 않고, 충신의 말은 귀에 거슬린다.' 라는 말로 절개를 굽히지 않았던, 그분들의 애끓는 신음 소리가 들리는 듯하여 오싹 한기가 든다.

쇠꼴마을 촌장은 가족까지 참화를 당한 이분들의 거룩한 뜻을 기리기 위하여, 유림들이 1924년 어려운 환경 속에서도 제단을 모시게 되었다고 한다. 그러면서 우리에게도 지속적인 관심을 부탁하였다. 당시의 서슬 퍼런 처형장에서 억울하게 눈을 감아야 했던 분들을 생각하니 마음이 숙연해진다. 싸한 마음을 가다듬고 큰 숨결이 느껴지는 제단을 지나 그 일원이었던 황보인의 묘역을 찾았다.

태종 때 문과에 급제하여 요직을 두루 거친 그는 세종 때 영의정에 올랐으며, 북방개척과 변방의 방어에 힘써 김종서와 쌍벽을 이루는 공을 세웠다. 그 후 단종을 잘 보살펴 달라는 문종의 유언을 받들다가 김종서와 함께 수양대군에게 살해되었다. 아직은 스산함이 묻어나는 묘역은 대체적으로 깔끔하게 정돈되어 있다. 신도비와 문인석은 세월의 두께를 가늠하기 어렵게 현대적이지만 묘비만큼은 수많은 풍파를 헤치며 달려왔음을 말해주고 있다. 더욱이 한국전쟁 때 맞은 총탄의 흔적은 그의 아픔에 더 큰 그림자를 드리우고 있는 듯하다.

절육신과 동시대를 살았던 사육신 성삼문의 절명시(絶命詩) '둥둥 북소리는 내 생명을 재촉하고/머리를 돌려보니 해는 서산으로 넘어가려 하는구나/황천으로 가는 길에는 주막조차 없다는데/오늘밤은 뉘 집에서 잠을 자고 갈거나' 를 보면 처절했던 성현들의 마음이 동병상련(同病相憐)으로 느껴지지 않았을까 하는 생각이 든다.

여기서 멀지 않은 곳에 성리학의 대가 성혼의 묘역이 있다. 이 묘역은 가족묘로 홍살문이 세워져 있어 입구부터가 남다르다. 뿐만 아니라 우리나라의 가족묘는 대개 순리적으로 쓰고 있지만, 그의 묘역은 부모나 조부모보다 높은 곳에 위치한 역장(逆葬)묘이다. 이러한 묘는 성혼 뿐 아니라 이이 등의 가족묘도 같은 형태인데, 이는 묘를 순리적으로 쓸 경우 후손 중에 역적이 나온다는 설에 의한 당시의 풍속에 따른 결과로 본다고 한다. 홍살문을 지나면 정면에 그와 아버지의 신도비가 나란히 있고, 묘역과 성혼의 사당이 좌우로 조성되어 있어 아늑한 분위기다.

성혼은 과거보다는 학문에 열중했고 같은 고을에 사는 이이와는 평생지기였다. 학문성향은 이황의 것을 따라 이이와는 논쟁을 벌이기도 했지만, 그의 권유로 벼슬길에 오르기도 하였다. 홍살문에서 느낄 수 있듯 성혼에게서 효(孝)를 빼놓을 수 없다.

한 예로 아버지가 풍질(風疾)을 앓았는데, 밤낮으로 모시며 자리를 뜨질 않아 오히려 자식이 병이 날까 걱정하면 문밖에서 창틈에

귀를 대고 아버지의 숨소리를 살폈다고 한다. 그러다가 증세가 심해지자 허벅지의 살을 베어 올렸다고 하니, 이는 현실적으로 맞지 않는 이야기라 할지라도 분명 본받아야할 효심이라 하겠다. 나 또한 친정 어머니의 건강을 생각하니 눈시울이 붉어진다. 인간이 가져야할 덕목 중 하나인 효는 그 넓이나 무게, 길이가 정해져 있는 게 아니요 정해야 할 필요도 없는 것이다. 아무런 대가없이 무한정으로 쏟아내도 탈이 없는 게 바로 효가 아닐까.

점심을 먹으러 가는 일행과 잠시 떨어져 자운서원으로 향하였다. 이 서원은 대학자 이이의 학문과 덕행을 추모하기 위하여 지방 유림들이 창건한 사립학교라고 한다. 서원을 둘러보면서 어쩌면 그를 따르던 많은 선비들도 지금보다 더 치열한 입시(과거) 경쟁 속에서 학문탐구에 열중하지 않았을까 미루어본다.

서원 뒤편에 있는 여견문(如見門)을 통과하면 시원하게 뻗은 길이 있다. 이 오솔길을 따라 조금 걷다보니 이이와 그의 가족묘 13기가 보인다. 이곳에는 그의 어머니이자 한국여성들이 가장 닮고 싶다는 신사임당의 묘소도 있다. 이이의 묘역은 부인과 합장묘라는데, 일반적으로 큰 봉분 하나로 되어 있거나 좌우대칭으로 되어 있는 합장묘와는 달리 상하로 되어 있는 게 특이하다.

이이는 성혼과 둘도 없는 친분을 쌓았지만 학문이나 삶의 방법에서는 상이하다. 성혼은 벼슬에 큰 관심을 두지 않은 반면, 이이는 여러 차례 장원급제를 하며 출사의 길에서 승승장구하였다. 그는 내·외직을 두루 거치며 자연스럽게 폭넓은 정치 경험을 하였고, 이러한 식견으로 왕의 두터운 신임을 받았다. 그러나 동인과 서인의 극한 대립으로 탄핵이 뒤따르자 관직을 버리고 49세의 짧은 생애를 마쳤으니, 그도 학자였지만 어쩔 수 없는 비운의 정치인이 아니었을까.

예부터 권력무상이라고 하였다. 요즈음 전직 권력자와 재력가의 부도덕한 결탁이 드러나면서 나라가 떠들썩하다. 정권이 바뀔 때마다 곰팡이처럼 피어나는 권력형 치부를 보면서 우리는 언제 존경받는 지도자 한 명쯤 기억하게 될지 안타까운 마음이다. 성현들은 작금의 사태를 무슨 말로 나무라실까 혼자 상상하며 발길을 돌리는데, 어디선가 노여움에 찬 헛기침 소리가 들리는 듯하여 자꾸 뒤돌아보게 된다.

골목길의 누렁이

오늘도 나는 주위를 두리번거리며 그 골목길을 나선다. 시간에 쫓겨 빠른 걸음을 재촉하면서도 행여 녀석이 어딘가에서 슬픈 눈으로 나타날 것만 같아서다.

지난 주, 늦은 수요일 오후였다. 모 지역에서 한자학습지교사로 일하고 있는 나는 여느 때처럼 학생의 집을 방문하기 위해 그곳을 지나고 있었다. 한참을 가다가 기척이 느껴져 돌아보니 어디서 나타났는지 덩치 큰 누렁이 한 마리가 쫓아오고 있었다.

그 몰골이 어찌나 참담하게 보이던지 빠듯한 내 시간은 잠시 재껴두고 근처에 있는 제과점으로 먼저 달려갔다. 급한 대로 소보로 빵을 두 개 사서 나오니 개는 온데간데없이 사라져 버렸다. 먹을 것을 갈망하는 듯한 그 눈빛이 영 지워지지 않아 여기저기 골목길을 찾아다녔지만 누렁이는 끝내 보이지 않았다.

집에서 강아지를 기르고 있어서인지 그 개를 본 이후 내내 마음이 어수선했다. 만일 버림을 당한 개라면 누렁이도 분명 처음에는 누군가에게 기쁨을 주고 사랑을 받았던 존재였을 것이다. 아무리 사는 것이 그전보다 어려워졌다 해도 한때는 자신의 피붙이처럼 애지중지 보살핌을 주던 생명체를 싫증난 장난감 버리듯, 어떻게 슬쩍 목줄을 놓아버린단 말인가. 어려우면 어려운 대로 생명이 다할 때까지는 길러줘야 하지 않았을까. 혹자는 동물은 동물일 뿐이라고 말할 수도 있겠지만 사람과 동물 간에도 정이란 있는 것이다.

독일의 어느 동물학자는 개는 각기 그 나라 국민성을 닮는다고 했다. 그의 말대로라면 한국의 개는 유교정신이 투철한 한국 사람을 닮았다고 볼 수 있을 것이다. 골목길을 배회하던 누렁이는 혹 우리네 사이에서 실종된 지 오랜 오륜(五倫)을 찾아 헤매는 것은 아니었을까라는 생각을 하니 쓸쓸함마저 느껴졌다.

유기견(遺棄犬)의 문제는 결코 개의 문제가 아니라 사람의 문제다. 그것은 단순히 버려진 개 한 마리로 끝맺음 되는 것이 아니다.

오늘 역시 그 골목길에서 누렁이는 만나지 못했다. 그날 이후 행여나 하며 가방 속에 넣고 다닌 소보로 빵은 버려진 양심에 돋아야 할 곰팡이를 대신 덮어 쓴 채 주인을 기다리고 있다. 하지만 나는 누렁이가 예전 주인이 잡아주는 목줄을 메고 여유로운 걸음으로 골목길을 걸어 나오리라는 기대를 내려놓지 않을 것이다.

복날

퇴근시간에 동생에게서 전화가 왔다. 약속이 있으면 모두 취소하고 집으로 어서 가라고 한다. 오늘이 말복인데 아들 녀석이 제 이모에게 삼계탕 끓이는 법을 묻더라고 한다. 내게 끓여주려고 영계 두 마리와 갖은 재료를 사왔는데 엄두가 나지 않는다고 했다며 얼른 집으로 가라는 것이다. 조카가 대견한지 녀석에 대한 칭찬을 아끼지 않는다.

녀석이 또 내 코끝을 시큰하게 한다. 작년에는 생일 아침에 미역국을 끓여주더니 오늘은 삼계탕이란다. 무뚝뚝해 보이는 것과는 달리 녀석은 애교가 있어 종종 나의 눈시울을 적시게 한다. 하지만 때로는 욱하는 성격 때문에 아픔의 눈시울을 젖게 하기도 하고 말문을 막히게 할 때도 있다.

아들 녀석이 유치원에 다니던 어느 날이다. 친구하고 재미있게 놀다 들어오더니 "엄마 엄마, 기원이네는 되게되게 부자야." 하며 내게 안긴다. "왜, 걔네는 피아노도 있니? 아니면 우리 집에 없는 무엇이 있길래 그렇게 부자야? 너도 TV랑 오디오랑 비디오도 있잖니?" "아니야 엄마. 걔네는 오디오랑 비디오는 없어. 그런데 기원이네는 아빠도 있다." 하며 침을 꿀꺽 삼키는 것이 아닌가. 그때 나는 아들의 대답에 그만 할 말을 잃었다.

그렇다. 사실 아들에게 아빠라는 존재는 그렇게 큰 것이다. 무척 부러웠나보다. 내색은 하지 않았지만 어린 가슴에 얼마나 불러보고 싶었으면 아빠와 함께 사는 친구가 부자라고 생각되었을까. 사실 아이의 친구네는 모든 여건이 우리보다 나을 것이 없었다. 하지만 단란한 가족관계 만큼은 남의 부러움을 사게 했다. 내 짧은 소견으로 잰 부자(富者)의 눈금은 아이가 잰 눈금과는 정 반대편에 있었다. 나는 아이에게 미안해서 시선을 마주하지 못했다. 그때 나의 표정을 읽었던 것일까. 아들은 그 이후 지금까지 한 번도 아빠라는 이야기를 꺼내지 않았다.

이런 저런 생각을 하며 집으로 돌아왔다. 안으로 들어서자 아들은 영계 두 마리를 씽크대 위에 올려놓고 어찌할 바를 몰라 하고 있었다. 식탁 위를 바라보니 깨끗하게 헹군 찹쌀 한 봉지, 조금 마른 듯한 대추 한 주먹거리, 요리 조리 잘 다듬어진 생률 한 봉지, 다리를 꼬고 누워 있는 수삼 두 뿌리, 갈색 실루엣을 걸치고 있는 통마늘 한 봉지 등 갖출 것은 다 갖추었다. 나는 일부러 다했으면 얼른 먹자고 했더니 씩 웃으며 엄마가 구세주 같다고 애교를 부린다. 녀석의 애교에 넘어가 내가 손을 걷어붙이고 나섰다. 옆에서 나를 돕겠다며 이걸 할까요 저걸 할까요 연신 질문을 한다. 국물을 맛보고 국자를 내 입에도 갖다 댄다. 잘 우러난 맛이다.

삼계탕을 끓여 놓고 마주 앉았다. 삼계탕을 끓여본 느낌이 어떠냐고 물었다. 어렵긴 하지만 재미있다며 다음에는 꼭 직접 끓여주겠다고 넉살을 떤다. 아들의 따뜻한 마음으로 육수를 만들어, 평소 아들이 주는 기쁨들을 모아 양념을 하고, 아픔과 슬픔으로 간을 맞추었으니 어느 맛에 비하랴.

사람들은 일상생활에서 순간순간 자식들에게 작은 감동을 받는다. 아이가 서너 살이 되었을 때 묻는 말귀를 알아듣고 콩알콩알 말대답하는 것이 신기했다. 유치원에 다닐 때는 제 생각을 얘기하는 게 기특했고 초등학교에 들어가서는 제 할 일을 알아서 하는 게 예뻤다. 그렇게 작은 감동들을 내게 안겨주던 삶의 기쁨이자 슬픔이었던 녀석이 어느새 잠자는 시간을 줄여가며 수능을 준비하고 있다. 그것만으로도 나는 가슴이 벅차오른다. 나름대로 열심인 아이를 보면 마음은 안쓰럽지만 대견하게 느껴진다.

이제는 녀석이 든든한 나의 기둥이 되어 그늘을 드리워주고 있다. 편안한 버팀목이 되고 있는 것이다. 어느 때인가 저를 키워 주신 할머니에게 용돈을 드리는 것을 보았다. 그 때 나는 마음이 따뜻한 아이란 걸 알게 되었고 믿음직하다는 생각이 들었다. 내 기둥이 약하여 때로는 넘어지고 부딪치며 자랐지만 건강하고 착하게 커준 것이 고맙기만 하다. 다 키운 자식을 바라보는 부모의 마음이 다 이런 것이리라.

오늘 먹은 삼계탕은 아마 두고두고 내 마음을 따뜻하게 해 줄 것이다. 늘 어리다고만 생각했던 아들 녀석이 새삼 성숙해진 모습으로 나를 감싸 안는다. 그리고 그 아이가 끓여 준 삼계탕은 무엇과도 비교할 수 없는 사랑이었다. 사랑과 믿음과 소망이 잘 우러난 아주 향기로운 맛이었다. 오늘은 내게 있어서 복(伏) 날이면서 또 다른 복(福) 날이었다.

마라톤

영화 〈말아톤〉은 자폐 청년 초원이의 이야기다. 다섯 살 지능을 가진 스무 살 청년은 마라톤만이 삶의 이유인양 달리기를 하고, 아들을 위해 어머니는 헌신적이다.

초원이가 자폐아 진단을 받던 날, 어머니는 버거워진 현실 앞에 좌절한다. 그러나 아들의 달리기 능력을 알고 마라토너 출신에게 코치를 부탁한다. 그는 장애아인 초원이가 탐탁지 않았지만, 남다른 지구력과 마라톤 서브쓰리의 가능성을 발견하고 본격적인 훈련을 시킨다.

어머니는 코치가 미덥지 않아 말다툼을 하고, 자신의 욕심이 아이를 힘들게 하나 싶어 모든 것을 포기하려 한다. 그러나 초원은 마지막 마라톤에서 말리는 엄마의 손을 뿌리치고 햇살만큼이나 환한 얼굴로 바람을 가르며 달린다. 그의 자신감 있는 모습이 눈에 선하다.

그러면서 초원이 마라톤을 완주해내는 모습보다 자신의 의지로 홀로 설 수 있다는 것을 보여주는 과정이 여운으로 남는다.

삽십 년쯤 되었을까. 나는 8 · 15광복 기념 단축마라톤대회에 참가했다. 성남에서 잠실까지 십 킬로미터를 뛰었다. 햇볕이 따갑게 살갗을 파고들 즈음 서서히 출발했다. 처음 삼 킬로미터는 무리가 없었지만 점점 갈비뼈가 녹아내리듯 따끔거리고 호흡이 거칠어졌다. 반 이상을 달렸을 때, 대표 선수 하나가 기권했다는 말이 들렸다. 이에 나도 심리적인 현상인지 숨이 턱까지 차오르며 뒤처지기 시작했다.

하늘이 샛노랗게 보이고 길이 움쑥움쑥하게 느껴졌다. 포기를 해야 하나 늦더라도 완주를 해야 하나 갈등은 꼬리를 물었다. 내 속마음을 읽기라도 했는지 진행요원들이 차를 타고 따라오며 등 번호를 불러댔다. 기권을 하고 차에 타라는 것이었다. 입은 바싹 타들어 가고 다리가 후들거렸지만 차를 탈 수는 없었다. 길가에서 손뼉을 치고 있는 많은 사람들의 응원이 힘이 되어 뛰고 또 뛰었다.

힘들게 한 발 한 발을 내디디며 온몸이 땀으로 범벅이 된 채 많은 시간이 흐른 뒤 목적지에 도착했다. 그대로 쓰러져 한동안 숨을 고르고 나서야 정신이 들었다. 비록 남보다 앞서 목적지에 닿지는 못했지만 많은 시간과 땀으로 만들어진 완주 메달은 무엇이든 할 수 있다는 자신감을 안겨주었다.

오래전 아들이 다니는 대학에 새내기가 되었다. 늘 배움에 대한 갈증을 품고 살았던 나는 아들을 대학에 보내고 나면 진학하리라는 생각을 키워왔다. 차분히 준비해온 보람이 있었다. 합격 통지서를 받던 날, 저녁 늦게 돌아온 아들이 케이크를 들고 현관문 앞에서 축하한다는 말을 했을 때는 그만 눈물샘이 걷잡을 수 없이 터지고 말았다.

세상은 무엇이든 정규라는 단어를 좋아한다. 이러한 세상에서 검정고시로 학력인정을 받은 나는 내세울 게 아무것도 없다. 이런 이력으로도 운이 좋아 비교적 좋은 직장을 다녔다. 처음엔 공장에서 포장하는 일을 했지만 얼마 되지 않아 공장장 눈에 띄어 사무실로 옮겨졌다. 그때 시간활용이 용이해 혼자서 영어공부, 한자공부를 하며 옆구리에는 늘 책을 끼고 다녔다. 그러나 사회에서 홀로서기를 한다는 것은 너무나 힘겨웠다.

한번은 모시고 있던 임원 한 분이 "미스 리, 시집 보내줄까?" 하는 바람에 깜짝 놀란 적이 있다. 알고 보니 당신이 옮겨가시는 ㄹ호텔로 일자리를 옮겨주겠다는 것이었는데, 절차도 밟기 전에 학벌 때문에 거절을 당했다. 나야 속으로 눈물깨나 쏟으면 그뿐이었지만 속사정을 모른 채 데려가고 싶어 노력해 주셨던 그분에게는 얼마나 면목 없는 일이었던가.

또 어느 날인가는 한 모임에서 저녁식사를 하는데, 모두들 잘 나가는 집안 얘기며 학교 얘기로 웃음꽃을 피웠다. 난 그들 속에서 작아져버린 내 자신을 발견하고 숨을 죽였다. 그런데 어르신 한 분이 내게 전공을 물었다. 나는 무슨 죄라도 지은 양 머뭇거리다가 벌겋게 상기된 얼굴로 전공이 없다고 했다. 순간 뜨거웠던 분위기에 찬물을 끼얹은 꼴이 되어 어찌나 무안하던지 쥐구멍을 찾고 싶었다. 어쩌면 난 이 때문에 잠시 멈추고 있었던 걸음을 다시 달려야겠다고 생각했는지도 모른다.

나는 달리기 속도에 욕심 부릴 생각은 없다. 어차피 인생은 오래 달려야 하는 마라톤이라 하지 않던가. 이제 목적지를 가까이 두고 있지만 그렇게 되기까지는 많은 시련을 견뎠다. 직장과 학교생활을 동시에 하면서 리포트와 발표준비를 하느라 밤 새는 날이 많았고, 시험기간에는 늘 긴장해 있었다. 급속도로 나빠진 눈은 내 의지와는 상관없이 돋보기를 불러들였으며, 아들하고 같은 또래들과 보조를 맞추기 위해서는 몇 곱으로 공부해야 했다.

그로인해 힘이 들 때면 멈추고도 싶었지만, 갈비뼈가 으스러질 것처럼 괴로웠던 단축 마라톤에서의 과정을 생각하며 끈기 있게 달려왔다. 먼저 도달해 여유 있는 삶을 누리는 사람들도 많지만, 남들에 비해 먼 길을 돌아오느라 늦게 도달하게 되었다. 그러나 늦게 돌아온 만큼 세상의 이곳저곳을 훑어보며 깊은 사색 속에서 자신을 이해하며 되돌아보는 여유를 덤으로 얻었다.

이제는 어디서든 당당할 수 있는 사람으로 거듭나고 싶다. 그리고 앞으로도 나는 초원이처럼 달리는 순간이 행복한 마라토너가 될 것이다.

고질병

요즈음 무엇이 문제인지 먹는 것마다 소화가 안 된다. 머리가 욱신거리고 눈이 무겁다. 기분전환이나 할까 해서 용문산을 가려고 열차를 탔다.

꽤 많은 사람이 타고 있다. 좌석 표가 없어서 의자 뒤에 있는 빈 공간을 차지했다. 중년 여인이 내 옆으로 와 바싹 붙어 바닥에 앉더니 얼마 가지 않아 임신을 한 사람처럼 웩웩거린다. 그리고는 이내 얼굴에서 핏기가 사라지고 식은땀을 흘리며 힘없이 쓰러진다. 멀미인 듯싶어 앉아있는 사람에게 양해를 얻어 좌석에 앉혔다. 잠이라도 자고 나면 조금은 나아지지 않을까 하는 내 경험에서다. 주위 사람들은 멀미가 고질병이라며 한마디씩 한다.

나도 멀미를 심하게 하는 편이다. 그나마 철도여행은 괜찮은데 버스만 타면 고질병이 도진다. 그래서 장시간 여행을 할 때는 거의 기차를 이용하는 편이다. 나 외에도 각가지 고질병을 앓는 사람들이 의외로 많다는 사실을 알았다.

어떤 사람은 마음에 드는 사람이 있어 청혼하려고 마주 앉기만 하면 재채기를 한다고 한다. 심리적으로 다소 긴장한 탓인지는 모르겠으나 쉴 새 없이 재채기를 하는 바람에 일생일대의 중요한 일이 뒤틀리곤 했다는 것이다. 또 몇 년 전부터 알고 있는 모 출판사 사장님은 폐쇄공포증 때문에 지하철도 이용할 수 없고 비행기를 타지 못해 해외여행은 물론 국내 기차여행도 못한다. 그가 운영하는 사무실도 엘리베이터를 타야 하는데 이 고질병 때문에 하루에도 몇 번씩 계단으로 오르내린다. 하루는 33층 스카이라운지에서 점심 초대를 받은 적이 있었다고 한다. 그때도 그는 여전히 계단을 이용해서 33층을 올라갔다. 만일 거래처가 63빌딩의 꼭대기 층에라도 있다면 고질병 때문에 그는 또다시 곤욕을 치러야 할 것이다.

성경에 나오는 사도 바울도 그를 괴롭히는 고질병이 있었다고 한다. 고쳐보려고 많은 노력을 했지만 효과가 없었다. 그러자 깨달음이 오기 시작했는데 자신을 교만에 빠지지 않게 하려는 은혜로 여겼던 것이다. 그래서 그 은혜가 족하다며 긍정적으로 받아들였다고 한다. 물론 현대 의학으로는 대수롭지 않은 것이지만 당시 그에게는 더 없는 고통이었을 것이다.

나를 늘 괴롭게 하는 고질병인 멀미는 움직이는 물체에 탔을 때 나타나는 불쾌한 증상이라고 한다. 예를 들면, 달리는 버스에서 신문을 볼 때 나타나는 현상이다. 귀에서는 현재 몸이 움직이고 있다는 신호를 뇌에 보내는 반면, 눈에서는 신문을 보는 상태여서 움직이고 있지 않다는 다른 신호를 보낸다. 이때 뇌에서 혼돈을 일으켜 나타나는 현상이 멀미인 것이다. 멀미는 증상도 가지가지이다. 내 경우는 기분이 상당히 언짢아지면서 속은 메스껍고 식은땀을 흘리며 얼굴이 창백해진다. 그러다가 심한 두통과 현기증이 일어나면 결국에는 토하고 만다. 이때 여지없이 다른 사람에게 피해를 입히게 되니 여간 곤혹스러운 일이 아닐 수 없다.

몇 년 전 한국수필 세미나가 홍성에서 열렸다. 일찍부터 멀미약을 먹고 버스의 앞좌석을 차지했다. 원로 분들이 많아 뒤에 타야겠지만 남모르는 가슴앓이를 어찌하랴. 그때 원로 한 분이 어디 젊은 사람이 앞에 앉았느냐며 호통을 치셨다. 너무 무안해서 중간쯤으로 옮겼는데 가는 동안 내내 옆자리의 문우는 축 늘어진 나를 보며 어찌할 줄을 몰라 했다. 마침 룸메이트 중에 수지침을 하는 분이 있어서 다음날 서울로 올 때까지 그 분의 따뜻한 간호로 몸 상태는 좋아졌지만 마음은 무겁기 그지없었다.

멀미를 예방하는 방법은 많다고 하나 나처럼 체질적으로 멀미에 약한 사람은 잘 고쳐지지 않는다고 한다. 이러다 보니 어느 때는 내 인생 자체가 멀미하고 있는 것은 아닐까 하는 생각이 든다. 지나온 세월을 뒤돌아보니 울퉁불퉁한 비포장도로만 덜컹거리며 달려온 듯하다. 그리고 지금도 줄곧 인생이라는 흔들리는 버스 안에서 신문을 보며 멀미를 느끼고 있다고 여겨진다. 신문 속에는 내 삶의 고지를 향해 달릴 수 있는 꿈이 실려 있기 때문에 그것을 놓지 않으려고 안간힘을 쓰며 살아왔는지도 모를 일이다. 이제 그만 신문을 접고 잠을 청한다면 극심한 멀미에서 해방될 수도 있겠지만 또 그럴 수만은 없는 것이 인생의 묘미가 아니던가.

그동안 멀미를 극복하려고 노력했던 방법들은 옳았는지, 의지가 부족했던 것은 아닌지 다시 한 번 돌아봐야겠다. 해군수병들은 수십 번씩 토하기를 반복하며 정신 무장을 하고, 사도 바울은 그 은혜가 자신에게 족하다며 긍정적으로 받아들이질 않았던가. 나 또한 그러한 마음가짐으로 노력한다면 언젠가는 흔들리는 버스에서 신문을 보면서도 즐거운 여행을 할 수 있는 그러한 날이 오지 않을까.

아직도 젊음이 넘치는 천 년된 은행나무를 올려다본다. 주위에 둘러선 어린 나무들을 품으로 감싸고 도란도란 꿈 많던 제 어릴 적 이야기를 하는 듯하다. 산을 내려오면서 길목에 자리한 전통 찻집에 들렀다. 자리를 잡고 창밖을 보니 기차 안에서 느끼지 못했던 잘 여문 신록이 눈에 들어왔다. 갓난아이의 얼굴처럼 봄은 눈부시도록 예쁜 모습을 하고 있었다. 전통 차 한 잔을 시켜놓고 싱그러운 봄을 마신다. 그리고 오늘 돌아가는 길엔 흔들리는 버스 안에서 신문을 본다 해도 결코 멀미에 시달리지 않을 것이라는 믿음이 생긴다.

꿈의 씨앗

교복을 취급하는 가게를 운영하고 있을 때이다. 중년쯤 되어 보이는 부인이 두 아이를 데리고 가게 안으로 들어와 교복을 고르기 위해 이리저리 뒤적이고 있었다. 그런데 좀처럼 교복을 결정하지 못하고 머뭇거리며 서성이는 것이다. 잠시 후 그녀는 조심스럽게 말문을 열었다. 두 아이는 쌍둥이인데 집안 형편이 어려워 헌 교복을 구할 수 없느냐는 것이었다. 그녀의 어려운 사정이 남의 일 같지 않게 느껴지면서 내 학창시절이 떠올랐다.

나는 학창시절에 교복 한 벌을 동생과 함께 입었었다. 아버지가 안 계신 우리 가정은 두 동생이 누우면 어머니와 나는 벽에 등을 기대고 앉아서 잠을 자야하는 좁은 방에서 살았다. 여학교 2학년이 되던 해에 동생이 중학교에 입학을 했다. 동생의 교복을 사줄 수가 없어 몹시 안타까워하시는 어머니를 보고 나는 생각 끝에 교복을 동생과 함께 입기로 했다. 주간 반에 다니던 나는 졸업을 얼마 남기지 않고 야간 반으로 옮겼다.

중학교 때부터 입었던 교복을 둘이 입게 되니 사흘이 멀다 하고 해졌다. 어머니는 당신의 아픈 마음을 기우 듯 우리의 교복을 기우느라 자주 밤을 새우셨다. 그래서 어머니의 두 눈은 충혈 되고 자주 부었다. 건강을 걱정하면 어머니는 바늘 한 땀마다에 우리들을 위한 소원을 기웠다고 하시며 미소를 지으셨다. 그 시절 나는 교복뿐만 아니라 어머니의 사랑도 함께 입고 다녔다는 생각이 든다.

교복 한 벌을 동생과 함께 입는다는 것은 긴장의 연속이었다. 매일 좁은 골목에서 동생을 기다리느라 가슴을 졸이곤 했다. 한번은 동생이 너무 늦게 오는 바람에 사복을 입고 학교에 가서 변명할 여지없이 벌을 받기도 했다. 허리 품도 동생과 달라서 치마의 허리를 줄이고 늘리는 일로 종종 다투었다. 그러면서도 한 벌뿐인 교복을 새것처럼 입고 싶어 온갖 정성을 들였다. 세숫대야에 물을 담아 푸른색 잉크를 몇 방울 희석시켜 교복을 밤새 담가 두면 배꽃처럼 하얗게 눈이 부셨다.

어느 때는 채 마르지 않은 교복을 입고 학교로 가는 동생을 측은히 바라보았다. 그러면 동생은 배꽃처럼 하얀 교복을 입을 수 있다는 것만도 다행이라며 도리어 위로해 주었다. 어려운 가운데서도 넉넉한 웃음을 잃지 않는 동생이 대견했다. '여간 채소를 먹으며 서로 사랑하는 것이 살찐 소를 먹으며 서로 미워하는 것보다 나으니라.' 라는 말이 있다. 가난하여 교복 한 벌을 서로 번갈아 입었지만 동생과 나는 서로 사랑하고 의지하며 지냈었다. 그리고 마음속에 늘 넉넉하고 풍요로운 내일의 꿈을 꾸며 살았었다.

조선시대 변변한 벼슬자리에 오르지 못한 사대부의 삶은 대체적으로 가난했다고 한다. 그러나 곤궁함을 고수하고 인의를 고상하게 여기는 것이 선비다운 면모라 여겼다고 한다. 그 중에 황희 정승의 가난함을 우리는 익히 알고 있다. 그러나 그 분은 가난에 속박되지 않고 호탕한 풍류와 청렴결백을 위해서는 추상같은 절개를 늘 지니셨다. 비록 허름한 옷일지라도 넓은 소매의 도포자락을 휘휘 날리며 당당하게 출입하셨을 그 분의 모습이 쉽게 떠오른다. 그러한 모습은 물질이 정신을 지배할 수 없었음이 아니었을까. 마음이 여유로우면 외형적인 부족함은 보이지 않을 것이다.

헌 교복을 부탁하던 중년부인에게 며칠 후 그것을 구해 주었다. 부인과 맑은 얼굴을 한 두 아들은 내가 구해준 옷을 받으며 고맙다는 인사를 하고 돌아갔다. 그들에게 구해준 헌 교복은 내가 전하는 마음의 풍요로운 옷이 되었으면 했다. 그리고 외형으로 보이는 가난을 두려워하지 않고 오히려 초월하여 마음의 풍요와 꿈을 키우며 당당한 삶으로 살아갔으면 하는 마음이었다. 가난했던 시절의 기억들은 무료하고 삭막한 현실을 승화시키고 내일의 꿈을 심어주는 씨앗이 되지 않겠는가.

『삼국사기』에 의하면 신라 자비왕 때 거문고 타기의 명수인 백결 선생이 몹시 가난했다고 한다. 설날 그의 아내를 위로하기 위해서 거문고로 떡방아 찧는 소리를 내었다고 한다. 이 거문고 소리를 들은 이웃들은 백결 선생의 집에서 떡방아를 찧는다고 의아해 했다는 것이다. 백결 선생의 떡방아 찧는 거문고 연주는 대악이라는 이름으로 후세에까지 전하고 있다. 가난은 그의 영혼을 맑게 하여 거문고 타는 솜씨에 천재적인 재능을 발휘하게 했다는 생각이 든다.

동생과 한 벌의 교복으로 어려움을 겪었던 시절은 내게 인생의 값진 교훈을 일깨워주었다. 어머니의 사랑을 새삼 깨닫게 되었고 물질의 가난이 오히려 영혼을 맑게 하여 마음도 풍요롭게 할 수 있다는 지혜도 터득하게 되었다. 지금도 넉넉한 살림은 아니지만 물질에 크게 마음을 두지 않고 그날에 만족하며 올바른 정신으로 살아가고자 애쓰는 것은 지난날의 가난이 내게 가르쳐 준 미덕 때문이 아닐까.

이러한 맑은 영혼과 풍요로운 마음을 가지고 백결 선생에 버금가는 후세에도 남을 글을 쓰고 싶다면 지나친 욕심이 될까. 그러나 내가 품고 있는 꿈의 씨앗은 언제인가 새싹으로 돋아나리라.

한밤의 산책

오늘따라 아파트 뒤 산책하는 곳이 안개로 덮여 으스스하다. 미르는 아랑곳하지 않고 잘도 뛰어논다. 비 오는 날을 제외하고는 이곳에서 한 시간씩 녀석과 산책을 하며 즐긴다. 한밤중에 산책하기 시작한 지도 벌써 백일이 되어간다.

이곳은 본래 먹골 배밭이었는데 지난해에 봉수대공원으로 다시 태어났다. 생활체육시설을 갖추고 정상에는 원형으로 잔디밭을 만들어 각종 행사를 할 수 있게 했으며, 주변에는 단호박, 오이, 수세미 같은 덩굴식물 터널이 있어 조깅을 하거나 걷기에 그만이다. 넓은 억새밭 사이로 나 있는 나무계단은 운치를 더해 주고, 연인들이 손을 잡고 오르내리는 모습은 정겨운 풍경이다. 또 공원 입구부터 다양한 나무와 화초를 심어 자연학습장으로서도 손색이 없다. 구청과 마주하고 있는 넓고 긴 벽에는 인공폭포가 있어 여름의 더운 열기를 식혀주고, 옛날에 이 고장에서 생산되던 옹기 굽는 모습을 형형색색의 타일로 재현해놓아 볼거리가 되고 있다.

이렇게 아름다운 곳에서 나는 녀석과의 산책을 즐기고 있는 것이다. 그동안 바쁘다는 핑계로 미르의 외로운 생활을 무심하게 넘겼다. 그래서인지 언제부턴가 녀석이 비만해지기 시작하더니 이제는 다이어트를 하지 않으면 안 된다는 경고를 받았다. 하지만 "절대 잃어버리지 마세요. 아마 이 녀석을 잃어버린다면 바로 된장발리는 신세가 될 거예요."라고 말을 들어온 터라 산책을 하면서도 신경이 쓰인다.

사실 난 개에 관심이 없었다. 아주 오래 전 어머니가 기르던 강아지가 쥐약을 먹고 죽었는데, 죽어가면서 괴로워하던 모습을 차마 눈뜨고는 볼 수가 없었다고 한다. 그러면서 정 끊기가 어려운 게 동물이라며 두 번은 기를 게 못된다고 하셨다. 그 말을 들어서인지는 몰라도 내가 개를 기르리라고는 생각지도 않았다.

그런데 어느 날 아들이 눈도 뜨지 않은 고물고물한 녀석을 데려다 놓고 나 몰라라 했다. 네 손으로 기르지 않을 거면 데려다 주라고 했지만 듣는 둥 마는 둥이었다. 할 수 없이 이름을 지어주고 거두어 키우다보니 벌써 네 살이 되었고, 이젠 막내아들 같은 존재가 되었다.

요즈음엔 아들이 강남에 있는 오피스텔을 얻어 나가는 바람에 혼자인 내게 더 없이 좋은 파트너가 되어주고 있다. 늦은 시간 현관문을 들어서면 꼬리에 프로펠러라도 단 양 흔들어대며 반겨준다. 말 못하는 동물의 행동이지만 그 이상의 감동을 느끼기에 충분하다. 그래서 하루 종일 갇혀 지내는 녀석을 보면 미안한 마음이 앞서 한밤중이라도 지친 몸을 이끌고 산책을 한다. 미르는 밖에서 뛰어놀 때 가장 행복해 보인다. 뛰어노는 모습을 보면 내 피로도 어느 새 가시고 가벼운 마음이 된다.

나와 미르는 어느 날 갑자기 일어난 일로 사람이 많은 시간을 피해 한밤중에 산책을 한다. 며칠 전까지만 해도 공원은 시간개념 없이 많은 사람들로 북적거렸고, 간간이 풀을 뜯어먹는 토끼들을 볼 수 있었는데, 제법 쌀쌀해진 날씨 때문인지 한산해졌다.

그날도 전날에 내린 비를 머금고 온갖 식물들의 생기가 돌 때 이곳에 미르와 산책을 나왔다. 아마 저녁 열 시쯤 되었을 것이다. 단호박 터널을 걷고 있는데, 나와 반대편의 수세미 터널 쪽에서 걸어오던 30대의 젊은 여성이 갑자기 "꺄-악" 하고 자지러지는 소리를 내며 주저앉아버렸다. 너무나 갑작스런 행동에 주변의 많은 사람들이 깜짝 놀라 "왜 그러세요?" 라고 묻자, "무서워요, 강아지 좀 치우세요. 우리 애기가 놀래잖아요." 라며 몸을 더욱 움츠렸다. 그녀의 품에는 미르보다 좀 작다 싶은 강아지가 안겨 있었다.

그 후 몇 차례 같은 시간에 운동을 나갔다. 그런데 미르가 이상한 행동을 보였다. 저도 믿는 구석이 있다는 것인지 사람만 보면 큰 소리로 짖어댔다. 짖는 소리가 어찌나 큰지 도무지 사람들이 많은 곳에는 갈 수가 없었다. 그러다보니 이슥한 밤에만 산책을 하게 되었다.

희뿌연 안개 탓일까. 오늘은 운동을 나온 지 얼마 되지 않았는데, 사람들의 발길이 뜸하다. 나도 일찍 집에 들어가기 위해 주차장 근처에서 기다리는데 녀석은 기척이 없다. 마음껏 뛰어놀라고 목줄을 풀어주었더니 주인도 잊은 채 운동을 제대로 하는 모양이다.

미르를 찾아 다시 공원으로 올라갔다. 연인 한 쌍이 서로 부둥켜 안고 정자 안에 앉아 있는 모습이 어렴풋이 보였다. 그곳에서 녀석은 무슨 생각으로 그들을 지켜보는지 살랑살랑 꼬리를 흔들며 서 있었다.

어느 정도 시간이 흐르자 그들이 일어섰다. 미르는 그때서야 주인이 어디 있는지 주변을 둘러보기 시작한다. 장난을 치고 싶어 숨어서 지켜보았다. 인적이 없자 슬픈 소리를 내면서 이리 뛰고 저리 뛰며 야단이다. 그제야 제 주인을 찾는 모양이다. 안 됐다는 생각에 "미르야" 하고 부르자 정신없이 뛰어온다.

공원 입구 시계탑까지 오니 벌써 한 시 반이다. 이렇듯 미르와 즐기는 한밤의 산책은 내 삶의 소중한 부분 중 하나다. 비록 말 못하는 짐승과 나누는 정이지만 서로 의지하면 소박한 행복을 느낀다.

밥상과 휴지통

아는 분의 초대로 시내의 한적한 곳에서 점심을 하기로 했다. 목적지에 도착하니 식당 내에는 사업상의 회의라도 했는지 외국인을 포함한 많은 사람들이 식사를 하고 있다. 이렇게 많은 사람들이 모이면 시끄러울 법도 한데 분위기가 사뭇 조용하다.

식사를 같이 한다는 것은 음식을 나누면서 친밀한 관계를 만드는 자리이다. 문헌에서도 보면 밥상은 화합과 만남 그리고 가정의 평화를 상징하기도 한다. 사람마다 성향이 다르기 때문에 식탁의 분위기는 다양하지만 나는 조용한 게 좋다. 큰소리보다 소곤소곤 주고받는 대화는 우선 다른 사람에게 방해가 되지 않는다. 또 작게 들리니까 귀 기울여 듣게 되고 그것이 바로 상대방에 대한 예의가 될 수도 있다. 우리 일행도 조용한 가운데 오순도순 이야기가 오가고 옆 사람의 웃음소리가 작게 들릴 뿐이다.

식사가 거의 끝날 때쯤 나는 무의식적으로 주변에 있는 식탁 위를 둘러보았다. 그래도 내로라하는 사람들이 주를 이루는 곳인데 그러한 사람들의 식사 후 식탁 풍경은 어떤가가 궁금해서다. 식탁은 대체적으로 깨끗하게 사용했다는 생각이 든다. 그동안 눈여겨 보았던 여러 곳을 비교해 보면 보통 고급스러운 분위기의 식당일수록 식탁 밑에 휴지통을 두지 않았는데도 식탁 위가 깨끗했다. 이것은 그 식당 음식값이 싸고 비싸서도 아니고 나이와도 상관없이 실내 분위기와 사람들의 의식이 문제였다.

이렇듯 식탁 위를 유심히 보게 된 것은 올봄 어느 식당에서 일어난 일 때문이다. 요즘 젊은이들의 식탁 매너를 보게 되었다고 할까. 물론 모든 젊은이들이 다 그런 것은 아니다. 하지만 열에 다섯은 그러하다고 생각한다. 그 당시 찌개 전문점은 식탁 밑에 휴지통이 비치되어 있었다. 모처럼 만난 친구들과 저녁을 먹는 자리였다. 바로 옆자리에 남녀 네 명이 식사를 하는데 대화하는 내용을 봐서 대학생 같았다.

그들은 자리에 앉으면서 종업원을 불러 깨끗하게 잘 닦여진 식탁을 다시 한 번 닦아달라고 했다. 그리고는 냅킨을 서너 장씩 뽑아서 각자 자기 앞을 쓱쓱 닦고 한 장씩을 더 뽑아 수저받침으로 놓았다. 조금 후에 그 중 여자 하나가 "아줌마, 재떨이요." 하니 종업원이 "금연입니다."라고 했다. 그러자 그들은 이구동성으로 "뽑아주니까 정치를 ㅇㅇ같이 한다." 며 현직 대통령을 몰아세우더니 종업원의 말은 흘려듣고 담배를 피워 물었다. 그리고는 밥뚜껑에 재를 털며 마이크 잡고 강연이라도 하듯 이야기에 열을 올렸다. 그도 그럴 것이 식당 내 대부분의 손님들이 젊은이들인 데다 저마다 이야기 경연대회라도 나왔는지 목청을 높이고 있으니 자연스레 그들도 목소리가 높아질 수밖에 없었다.

이야기를 주고받느라 신경을 쓰지 않아서인지 찌개를 뜬 뒤에 식탁이 온통 찌개국물과 건더기로 범벅이 되었다. 먹기에 거북스러웠던지 냅킨을 정신없이 뽑아 대충 훔치고 그 자리에 놓았다. 그들은 시간 반 정도를 앉아 있다가 나갔다. 그들이 나간 뒤의 식탁은 쓰레기를 잔뜩 담고 있는 휴지통이지 음식을 먹었던 식탁이 아니었다. 수십 장의 냅킨이 식탁 위에서 몸살을 앓고 있었다.

우리나라는 산림자원이 부족한 나라다. 식사를 하면서 시끄럽게 떠들게 된 것도 그리 오래 전의 일이 아닐 것이다. 밥 한 술 먹고 입 닦아내고 또 한 술 먹고 닦아내고 하는 것은 조금 지나친 행동이라는 생각이 들었다. 어쩌면 지저분한 입 주변을 닦아내는 것이 무슨 대수냐고 생각할 지도 모르겠다. 하지만 닦아낸 뒤의 휴지 처리도 문제다. 휴지통이 주어지지 않았다면 한 쪽으로 살짝 밀어놓아도 좋을 것이다. 많은 양을 쓰면서 밥그릇 옆에 수북이 쌓아놓는 것은 볼썽사나운 일이라 여겨진다.

우리의 식생활이 서양화되어가고 있는 것은 사실이지만 냅킨을 사용하는 방식은 그들과 다르다는 생각이 든다. 냅킨을 사용하는 데 있어서 어느 쪽이 옳고 그르냐가 아니라 그 나라 문화에 적합하게 사용되어야 한다는 것이다. 결국 냅킨이나 휴지는 생활 속에서 허드레로 많이 쓰이고 있지만 그것을 만들기까지 드는 비용이나 노력을 생각한다면 함부로 낭비할 수는 없을 것이기 때문이다.

『예기』에서 '무릇 예의 시초는 음식에서 시작된다.' 고 했듯이 우리의 선조들은 식문화와 밥상머리 교육을 중요하게 생각했다. 그래서 예전의 우리식 밥상에서는 어른들과 함께 식사하면서 좋은 생활습관을 몸에 익히고, 고운 성품을 지닐 수 있도록 예절교육을 받았다. 그것은 쌀 한 톨이라도 귀하게 여기고 아낄 줄 아는 마음가짐을 길러주는 것이었다. 이는 선조들이 식사 후 밥그릇에 숭늉을 부어 밥풀 하나 남기지 않고 그릇을 깨끗이 비웠던 것을 생각해 봐도 알 수 있다.

그런데 요즈음의 젊은이들은 아쉬운 것이 없는 시대에 살고 있다. 맞벌이 부부가 대부분이다 보니 원하는 것은 무엇이든 해주고 있다. 이러한 시대에 살고 있는 젊은이들이 이기적이고 남의 눈치 같은 것에 무색해 있는 것이 어쩌면 당연한 일인지도 모른다. 우선 내 자식부터가 다를 게 없으니 이 글을 쓰고 있는 나 또한 어찌 부끄러운 마음이 아니겠는가.

그러나 공주처럼 우아하게 왕자처럼 품위 있게 식사하기란 말을 생각해 볼 때 오늘 이곳의 분위기와 찌개전문점에서의 분위기는 너무도 다르다. 사람들의 의식에도 수준이 있기 때문일까.

3부
는개가 내리던 날

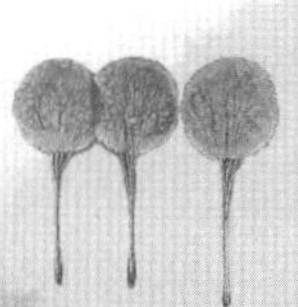

는개가 내리던 날

명동거리를 걷다보면 무언가 이야기를 담고 있을 듯한 비석 하나가 눈에 띈다. 간단히 적혀있는 사연으로 보아 의로운 청년의 추모비이다. 하지만 추모비는 도린곁에 있는 것도 아닌데 누구 하나 거들떠보지 않아 외롭게 서 있다.

비가 세워진 것은 십여 년 전이다. 기사에 의하면 추모비가 있는 바로 그 자리에서 경찰이 소매치기를 쫓다가 회칼에 맞아 쓰러졌는데, 청년이 그걸 보고 돕다가 그 소매치기가 휘두른 칼에 찔려 유명을 달리했다. 그의 나이 스물다섯 때의 일로 세월이 많이 흘렀지만 이 비에 대해 아는 이는 거의 없다고 했다. 주변 상인에게 물어봤지만 아는 이가 없었다. 그러니 지나는 사람들이 알리 만무하다.

청년은 추모비가 있는 근처의 액세서리 가게에서 일했다. 아들을 잃은 아버지는 충격으로 시름시름 앓다가 끝내 세상을 등지셨고, 어머니는 종교의 힘으로 사신다는 것이다. 청년은 참으로 어처구니없게 삶과의 이별을 했다.

나는 이러한 이야기를 접하면 코끝이 싸하다. 남의 일이 아니어서이다. 이처럼 세상의 일기장을 한 장 한 장 넘기다 보면 남의 일 같은 것이 내 일이고, 내 일 같은 것들이 남에게서 일어나고 있음을 알게 된다.

초등학교 6학년 때 내게는 두 살 터울의 중학교 2학년인 오라비가 있었다. 체구는 작았지만 심성이 착한 오라비에게는 자신을 꼭 닮은 '우' 라는 친구가 있었다. 둘은 공부도 제법하고 성격이 비슷해서 잘 어울렸다. 우는 집이 멀어 큰집에서 학교를 다녔다. 그 집에는 동갑네기 쌍둥이 형제가 있었는데 모든 면에서 우와는 달랐다. 학교를 잘 가지 않고 싸움을 즐겨 시도 때도 없이 부모 속을 썩였다. 그러니 집안은 자르랑자르랑 조용할 날이 없고, 자연스레 우와 비교되며 혼나기 일쑤여서 쌍둥이는 그를 미워하며 괴롭혔다.

그러던 어느 날, 아폴로 11호 달 착륙 성공기념으로 모든 학교가 임시로 쉬었다. 한여름이라 물가로 산으로 놀러가는 학생들이 많았지만, 오라비는 임시 공휴일을 까맣게 잊고 학교로 가다가 길에서 울고 있는 우를 만났다. 쌍둥이 형제에게 괴롭힘을 당했던 것이다. 오라비는 친구를 달래며 쉬는 날이라는 것을 알고는 그와 함께 집으로 돌아왔다.

오라비가 집으로 돌아왔을 때 어머니는 빨래를 하고 계셨다. 오라비는 친구의 마음을 달래주기 위해 물놀이를 가려고 "어머니, 음료수 사먹게 100원만 주세요." 하며 어머니에게 용돈을 부탁했다. 어머니는 "지갑에서 꺼내가렴." 하고 빨래를 계속 하셨는데, 그것이 모자간에 있었던 마지막 대화가 될 줄은 아무도 몰랐다.

오라비와 우는 물가로 놀러갔고, 쌍둥이가 몰래 뒤따랐다. 많은 학생들 틈에서 우가 수영하는 것을 오라비는 물가에 앉아 구경했다. 그때 쌍둥이가 다가와 오라비를 떠밀었다. 수영을 못하는 오라비가 깊은 소용돌이 속으로 들어간 것은 순간이었다. 이 비보가 전해졌을 때 어머니는 정신을 놓으셨다. 어머니의 슬픔을 보듬어 주기라도 하려는 듯 갑자기 주위가 어둑해지더니 는개가 내리기 시작했다. 이렇게 오라비는 는개가 내리던 날 이를 벗 삼아 땅 속 깊은 곳으로 아주 긴 여행을 떠났다. 해는 아직 그 는개 위로 비취고 있어 무지개가 마루턱에 걸터앉아 있었다. 는개 위에 떠 있던 무지개는 지금도 내 기억 속에 생생하다.

경찰들이 몇 차례 왔다갔다. 어린 소견으로는 당장 잡아갔으면 좋겠다고 생각했다. 그러나 몰강스럽지 못한 어머니는 그들이 아직은 어리다는 이유와 같은 어미로서 어찌 그럴 수 있느냐며 한사코 구속을 반대하셨다. 하지만 세상은 참으로 공평하지 못했다. 장남을 가슴에 묻고 찢어지는 마음을 억누르며 그들을 용서했지만, 학교 교사였던 그 부모는 이에 대한 보상은커녕 한 번도 찾아오지 않았다. 그리고 머지않아 다른 곳으로 이사를 갔다.

그렇게 오라비를 잃고 나는 많은 세월동안 두고두고 그들을 원망했다. 어머니와 내가 힘겨울 때는 오라비가 있었으면 하는 생각에 더욱 그랬다. 나약해서 오라비를 죽음으로 몰아넣은 우까지 미웠다. 그러나 어머니는 지금까지 그들에 대한 이야기를 해 본 적이 없다. 용서란 말은 쉽지만 행동으로 옮기기까지는 많은 고통이 따른다. 티베트의 지도자 달라이 라마는 상처 입힌 누군가가 있기 때문에 용서할 기회를 얻는 것이며, 용서는 우리를 지켜주는 힘이라고 했다. 그도 모든 것에 용서의 옷을 입히기까지는 큰 고통이 있었을 텐데, 어머니가 그들을 용서했던 힘은 어디에서 나온 것일까.

자식의 속절없는 죽음 앞에 속수무책일 수밖에 없었던 부모님들의 마음은 숯검댕이가 되었을 것이다. 너무나 짧았던 오라비의 생을 슬퍼하기라도 하듯 는개가 내리던 날, 생때같은 자식을 가슴에 묻고도 그 자식을 잘못되게 한 친구를 용서하신 어머니의 마음을 헤아려본다. 결국, 용서는 달라이 라마의 말처럼 어머니를 지켜주는 힘이었으며, 어머니가 의지해야 할 새로운 삶의 디딤돌이었던 것이다.

많은 시간이 흐른 뒤 우연한 자리에서 쌍둥이는 군에서 훈련 중 불귀의 객이 되었고, 집안은 풍비박산이 났다는 말을 들었다. 왠지 내 마음은 무겁기만 했다. 차라리 그들이 잘 되었다면 그때 내 어머니의 용서가 값진 보석이 되었을 텐데, 아쉬움은 아련한 슬픔으로 되살아났다.

멋진 사람

가끔 외모보다 마음 씀이 멋진 사람을 볼 때가 있다.

얼마 전 지하철을 타기 위해 종로3가역 플랫폼에 서 있었다. 피곤해서인지 오늘 따라 늦게 오는 지하철이 야속하게 느껴졌다. 속으로 구시렁거리며 주위를 둘러보는데 자판기가 눈에 들어와 커피 한 잔을 뽑아들었다. 뒤이어 어르신 한 분이 천 원짜리 지폐 한 장을 꺼내들고 자판기 앞으로 다가섰다.

크지 않은 키에 등까지 구부정한 모습이 높은 연세를 가늠하게 했다. 어르신은 지폐를 잘 펴서 자판기에 넣었다. 자판기는 무엇을 잘못 먹고 체한 사람처럼 지폐를 이내 뱉어냈다. 손바닥으로 앞면 뒷면을 잘 다독이며 이렇게도 넣어보고 저렇게도 넣어보기를 여러 차례, 자판기는 어르신의 지폐 한 장을 받으려하지 않았다. 그러자 어르신은 껄껄껄 웃으시며 자판기에 한마디를 던졌다. “허참, 이눔아

내 돈 안 받어? 싫으면 관둬라. 나도 안 먹는다! 이눔아." 그러더니 뒷짐을 진 채 걸음을 재촉해 다른 곳으로 자리를 옮겼다.

지난해 7월에는 평생교육사 자격증 취득을 위해 마지막 관문인 현장실습을 K학습원으로 한 달간 다녀왔다. 교사가 되기 위한 과정으로 교생실습을 나가듯이 평생교육사가 되기 위해서도 필수로 거쳐야 하는 것 중 하나가 현장실습인 것이다. 나는 평생교육사 자격취득을 위해 그 과정을 이수 중이었다.

그곳에서 열다섯 명의 실습생을 담당했던 팀장이 한 분 계셨는데, 지금도 그 분의 미소가 눈에 선하다. 그 분은 얼굴과 왼손에 장애를 가지고 있어 말이 더디고 행동이 부자유스러웠다. 하지만 늘 웃는 상이고 적극적인 성격을 지닌 매우 성실한 사람으로 장애를 느낄 수 없게 했다. 실습기간 동안 지루하지 않고 즐겁게 보낼 수 있었던 것은 순전히 그 분의 덕일 것이다. 무엇보다 기억에 남는 것은 끝 주에 우리에게 보여주었던 자상함이다.

한 사람의 평생교육사를 길러내기 위해 학습에 필요한 프로그램을 개발하는 과정은 보통 어려운 작업이 아니다. 그런데 그 작업을 실습생들이 하는 중이었다. 아무리 설명을 잘해줘도 실습생들은 이해부족으로 일의 진척은 더디기만 했다. 그 일이 끝날 때까지 다시 하기를 여러 차례 반복했다. K학습원의 명성을 익히 들어 그곳을 선택한 우리였지만, 같은 일을 여러 번 반복한다는 것은 오히려 우리

실습생들이 지칠 지경이었다. 그나마 나는 실습생이었으니 망정이지 그 과정에서 선생이었으면 인내심 부족으로 화가 머리끝까지 났을 것이다. 그런데 팀장인 그 분은 짜증 한 번 내지 않고 웃는 얼굴로 마무리를 지어주었다.

사람이 살아가면서 누군가에게 멋있는 사람으로 보인다는 것은 분명 행복한 일이다. 자판기에게 마음의 여유를 가지고 농을 던지셨던 어르신이나 장애를 느낄 수 없게 했던 평생교육원의 팀장은 내겐 닮고 싶은 멋진 사람들이다.

말의 묘미

동네에 있는 찜질방의 시설이 좋다고 하여 가 보았다. 집에서 오 분 거리에 있는 이곳은 헬스장까지 갖추어져 있어 가벼운 운동을 겸할 수 있다. 우선 헬스장에 가서 가볍게 땀을 내고 찜질을 하는 수정방으로 들어갔다. 꽤 온도가 높다. 사방에 밝은 색의 옥돌을 붙여서인지 넓어 보인다. 천장에는 자수정으로 만든 태양이 떠 있고 가장자리에서는 붉은 빛이 쏟아져 마치 태양열을 받고 있는 것 같다. 바닥은 두루뭉수리 하게 생긴 잔잔한 옥돌을 깔아놓아 밟는 느낌이 좋다. 한 번 휘 둘러본 다음 자리 잡고 누워 벽면을 바라보는데 한 곳에 시선이 머문다. 입구의 맞은편이다. 옥돌 사이사이에 자수정으로 몇 자의 글이 새겨져 있다. '여보, 당신을 사랑해' '응' 짧지만 정겨운 글귀다.

주로 이용하는 사람들이 가족이나 부부들이고 보면, 이러한 글을 벽면에 새겨놓은 것은 기발한 생각이라 여겨진다. 우리네 정서로는 입안에서나 맴도는 말이지 쉽게 밖으로 내뱉지 못하는 말이 아닌가. 갑자기 호기심이 고개를 든다. 이곳에 들어오는 사람들 중 몇 명이나 이 글귀를 볼 수 있으며, 부부들이 들어오면 어떤 반응을 보일까. 들어오는 사람들을 눈여겨본다. 하지만 예상외로 많은 사람들이 그 글귀를 발견하지는 못한다. 주로 부인들이 먼저 보고 귀엣말을 하면 남편들은 재미있다는 듯 웃음으로 대꾸한다. 간혹 남편들이 보기도 하지만 빙그레 웃기만 한다. 그나마 젊은 층이 대부분이고, 다감한 말에 쑥스러움을 더 타는 것은 남편들이다. 한 새내기로 보이는 부부가 그 글귀를 보며 웃음을 주고받는 모습이 예뻐 보인다.

사람들이 들랑날랑 하기를 멈춘 몇 분 후 문이 열린다. 나이가 지긋한 노인이 얼굴을 내민다. "여보, 당신 너무 더울 텐데 이제 나오지 그래." "알았어요. 여보." 중간쯤에서 노부인이 일어서는데 그 대화가 어쩌면 그렇게 살갑게 들리던지. 노부부의 대화에서 인생의 깊은 맛이 고루 배여 있음이 느껴진다. 아주 오랫동안 켜켜이 쌓아온 사랑이 그 노부부의 짧은 대화에 녹아 있는 듯하다.

새삼 여보 당신이라는 말이 가슴으로 찡하게 다가온다. 흔히 하는 말인데도 이렇게 살갑고 정겹게 다가오는 것은 내가 평소 써보지 못한데다 그 말 자체를 쑥스러워 못하는 사람들이 주변에 많기 때문일 것이다. 서툴게 배워 사용해야 하는 외국어도 아닌데 말이다.

이모와 고인이 된 이모부는 젊었을 때부터 여보 당신이라는 말을 사용하지 않아 끝내 쓰지 못하셨다. 그 말을 쓰지 못하는 사람들의 호칭을 들어보면 대개 '어이, 이봐, 저기요, 자기' 등이다. 어떤 이들은 아이의 이름을 상대방의 호칭대용으로 쓰기도 한다. 이 호칭들은 오히려 부부의 정을 반감시키는 느낌이 들뿐 아니라 연세 드신 분들이 쓴다면 연륜의 중후한 멋이 덜 우러날 것 같다. 그런가 하면 동생 부부는 신혼 초부터 여보 당신이라는 말을 쓰기 시작했다. 그때는 젊은 사람들이 그 말을 쓰고 있으니 꼭 땡감을 먹은 것처럼 떫고 어색하게 들려서 닭살이 돋는다며 신랑신부를 놀려대곤 했다. 중년이 된 지금 그들 부부의 호칭에서 자연스러움이 묻어난다.

이웃 나라 일본에서도 우리나라와 비슷한 호칭을 사용한다고 한다. 젊었을 때는 아내가 남편에게 '기미(군)' 라 부르고 남편은 아내의 이름을 부른다. 나이가 들었을 때 아내는 남편을 '아나따(당신)', 남편은 아내를 '오마에(당신)' 라 부른다고 한다. 그네들도 우리처럼 젊었을 때부터 '아나따, 오마에' 라고 하기에는 쑥스러운 것일까. 그러나 자기 언어 중심주의 때문인지는 모르겠지만 왠지 우리의 '여보, 당신' 만큼 정감 있고 아름답게 들리지는 않는다. 젊었을 때와 나이가 들었을 때의 호칭이 다른 느낌인 것은 재미있는 일이다. 말도 사람이 늙어가는 것처럼 사용하는 사람의 나이에 맞게 세월의 무게를 느낄 수 있어야 자연스러운가 보다.

옆에 젊은 부부가 들어와 눕는다. 둘이서 벽에 있는 글귀를 주고받더니 우습다고 킥킥대며 소리를 오물거린다. 꽤나 부끄러워하는 모습이 아직은 그들도 '여보, 당신' 이라는 말이 어색한 모양이다.

나도 아직까지는 그런 말을 사용해보지 못했다. 그래서인지 그들이 마냥 부럽게만 느껴진다. 때로는 남들이 하는 말을 듣거나 T.V에서 연기자들이 하는 말을 들으면 그 말이 해보고 싶어 입안에서 우물거려본다. 하지만 이내 스스로가 어색함을 느껴 양 입가가 치켜올라간다. '여보, 당신' 이라는 말은 서로에게 애틋한 삶의 무게가 실려 갈수록 더욱더 빛나는 게 아닌가 싶다. 흘려보낸 세월만큼이나 곰삭아서 그 어떤 말보다 부부애가 묻어나는 아름다운 말이기 때문이 아닐까.

많은 사람들이 들어오고 나간다. 옥돌로 된 자갈 밟히는 소리가 경쾌하게 들린다. 자갈들끼리 따사로운 얼굴 비비며 서로 나누는 대화다. 그 소리는 "여보, 당신을 사랑해."가 되어 찜질방 안을 가득 메우고 있다. 찜질방의 벽에 새겨져 있는 아름다운 이 말은 많은 사람들의 가슴에 새겨져 부부의 정을 더욱 돈독히 해 줄 것이다. 그리고 이 순간 말의 묘미를 음미하고 있는 내 가슴에도 따뜻하게 새겨지고 있다.

나이들어 사는 법

며칠 전 모임에서 우연찮게 노후에 대한 이야기가 나오고부터 그 단어는 심각하게 와 닿는다. 기댈 언덕은커녕 모아놓은 재산도 없으니 은근히 불안한 마음이 생기는 것이다. 그렇다고 뒷바라지도 제대로 못해준 아들에게 얹혀 살 생각은 없다. 다행히도 모인 사람들 대부분이 노후 걱정은 없다고 한다. 하지만 그 중 한 사람의 이야기가 많은 생각을 하게 한다.

부인을 먼저 보내고 아들내외와 함께 사는 팔순의 노인이 있다. 부인이 있을 때는 직장생활을 하는 아들내외와 따로 살았다. 그러다가 부인을 보낸 후 아들내외가 집으로 들어왔다. 따로 살 때는 느끼지 못했던 이들의 살가움은 대단하다. 아침에는 물론 퇴근 후 힘든 것도 잊은 채 저녁식사까지 따뜻하게 차려준다. 거기에 가끔은 보약을 해드리는 일을 벌써 몇 년 째 하고 있다. 어떻게 해서 노인은 며느리에게 새삼스런 대우를 받고 있는 것일까.

노인은 은행에 저축해 둔 통장을 스무 개 정도 가지고 있다. 부인이 살았을 때는 아들내외가 몰랐는데, 어쩌다가 알게 되어 살림을 합치게 되었다. 노인은 이따금 며느리에게 통장을 주며 은행에서 돈을 찾아달라고 부탁을 한다. 때에 따라 이 통장 저 통장을 내놓으며 심부름을 시키고 찾아오면 용돈도 조금씩 주곤 한다.

노인이 며느리에게 주는 통장마다 몇 천만 원씩 들어있다. 며느리는 계산을 게을리 하지 않았다. 주는 것마다 몇 천만 원씩 들어있으니 스무 개나 되는 통장을 합하면 적어도 십억은 될 거라 생각하고 있다. 하지만 몇 천만 원씩 들어있는 통장은 네 개 뿐이다. 나머지는 몇 십만 원씩 들어있기 때문에 모두 일억 정도 된다. 그 돈으로 노인은 아들내외에게 대우를 받으며 요령 있게 잘 살고 있는 것이다.

칼 샌드버그에 의하면 돈이란 힘이고 자유이며 쿠션이자 모든 악의 근원이기도 한 동시에 한편으로는 최대의 행복이 되기도 한다. 예나 지금이나 돈의 위력은 다를 게 없지만 문명이 발달하면 할수록 그 위력은 대단하다 못해 때로는 신에게 달려있다는 사람의 목숨까지 바꿔놓기도 한다.

요즈음 따라 젊은 부부들이 나이든 부모님을 모시기 꺼려한다는 말을 자주 듣는다. 그래서인지 노후대책으로 실버타운 입주를 생각하는 사람이 많다고 한다. 자식에게 눈치 보며 살기 싫다는 것일 게

다. 그나마 이는 여유가 있는 사람의 이야기이다. 드라마나 언론을 통해 접하게 되는 이야기 중에는 자식들로부터 버림받아 오갈 데 없는 어르신이 자살하는 경우도 더러 있다.

어제는 한 어르신이 티브이 인터뷰에서 하나밖에 없는 아들내외에게 용돈타기가 너무 힘들어 될 수 있으면 바깥출입을 삼간다고 하셨다. 그러면서, 젊었을 때 노후대책을 생각하지 않고 오로지 아들을 위해 모든 것을 바친 것이 후회스럽다는 것이다. 시시때때로 이런 상황들을 보면 노후대책은 여간 고민되는 일이 아니다.

지난 토요일에 지인의 회갑잔치에 다녀왔다. 잔치라 해서 거창하게 생각했지만 야외에서 미역국에 밥 그리고 김치와 야채 몇 가지, 오리고기 로스 조금이 전부였다. 물질적으로 여유로운 그들은 이 회갑잔치를 즐기는 것 자체로 행복해 보였다.

지인은 가난한 집안의 9남매 중 셋째다. 일찍 부친을 잃고 동생들 뒷바라지에 결혼이 늦었다. 서른다섯에 나이 많은 재일교포에게 시집을 갔다. 일 년 만에 사고로 남편을 여의고 아이도 없이 혼자다. 여유롭게 살 수 있는 정도의 유산을 받아 동생들도 돕고, 그때부터 나름대로 자신의 삶을 즐기며 산다.

이처럼 잔치란 것이 내가 즐겁고 같이하는 사람들이 즐거우면 되는 것이지 별게 아니랄 수도 있다. 그러나 이 역시 돈의 힘이고, 여력이 있으니 간소한 차림도 즐거울 수 있으며, 당당할 수 있는 거라 생각한다.

그래서 요즈음 나는 나이 들어 남에게 폐가 되지 않고 사는 방법이 무엇일까를 구상하고 있다. 그저 어정버정 사는 것은 성에 차지 않고, 경제력이 없으니 건강을 지키는 일은 필수다. 또 굴퉁이가 되지 않고, 쓸데없는 생각으로 허송세월하지 않기 위해서는 글을 쓰고 읽으며 정신을 가다듬는 일도 간과할 수 없는 일이다. 그리고 무엇보다도 봉사하고자 하는 마음이 있으니 자격을 갖추는 일도 중요하다 하겠다. 만일 이처럼 마음먹은 대로만 된다면 나는 썩 괜찮은 노후를 갖게 될 것이다.

하여 나는 건강한 몸으로 눈을 감는 날까지 몸을 움직이며 살 수 있다면 그것이 더 보람된 삶이라고 스스로 다짐한다.

달콤한 꿈 값

지하철에서 졸다가 꿈을 꾸었다.

맞은편에 앉은 중년 신사가 줄곧 나를 응시하고 있었다. 깔끔한 인상이 누군가를 닮았다는 생각이 들었다. 나는 대수롭지 않다는 듯 한번 쳐다보고는 시선을 떨구었다. 조금 있다가 내 옆자리가 비자 그 남자는 옮겨 앉았다. 말을 건네 왔지만 무슨 이야기를 하는지 알아들을 수가 없었다. 별다른 반응을 보이지 않자 그는 내 가까이 다가앉았다.

라일락 꽃 향수냄새가 은은하게 풍겨왔다. 그는 내가 좋다며 자꾸만 말을 했다. 처음엔 시큰둥했지만 마음이 점점 야릇해졌다. 그가 말을 건네 오는 것이 즐거웠고, 급기야는 내가 더 좋아서 그에게 수줍은 미소까지 보냈다. 그가 내 어깨를 감싸 안으며 환하게 웃었다. 하얀 이를 가지런히 드러내 보이며 웃는 모습이 싫지 않았다. 서로의 시선에 온기가 느껴졌을 때 갑자기 덜컹거리는 차체 때문에 눈을 떴다.

신기하다는 생각이 들었다. 다른 날도 꿈을 자주 꾸는 편이지만 생각나는 꿈은 하나도 없었다. 그런데 생각만 해도 기분 좋은 꿈을 꾸었는데 기억마저 생생했던 것이다. 요 며칠 사이 비디오를 통해 영화를 많이 보았던 탓에 머리 속에 그들의 잔상이 남아있었던 것일까. 어찌 되었든 기분은 좋았다. 누군가에게 꿈속의 일들을 들킨 것처럼 얼굴이 화끈거려 쑥스러운 웃음이 절로 나왔다.

에어컨 바람에 몸이 오싹함을 느끼며 꿈에서 깨어난 것이 아쉬워 다시 눈을 감았다. 쓸데없는 잡념만 무성할 뿐 더 이상 달콤한 이야기는 이어지지 않았다. 조금 있으려니 "눈을 뜨시오"라며 누군가가 고함을 질렀다. 깜짝 놀라 고개를 들었다. 노부부로 보이는 두 분이 손을 잡고 내 앞에 서 계셨다. "일어나지 못혀. 어디서 배워먹은 버르장머리여. 요새 젊은 것들 하나도 쓸 데가 없어." 날벼락이 떨어졌다. 내 양옆에는 그야말로 젊은 여학생 두 명이 그 상황에 전혀 개의치 않는다는 듯 눈을 감고 있었다. 경로석에 앉은 내가 잘못이지 고함을 지른 노인이 무슨 잘못일까 싶어 무안한 마음에 자리를 양보하고 다음 칸으로 옮겨갔다. 그 후 "눈을 뜨시오"라는 이야기는 친구들 간에 주고받는 우스갯소리가 되었고, 지하철에서는 경로석이 비어 있어도 앉지 않는다.

빈자리가 있어 꿈에 대한 기대는 뒤로하고 책을 펼쳤다. 다음 역에서 문이 열리더니 임산부가 탔다. 아직 책 한 장도 다 보지 못했다는 섭섭한 마음에 선뜻 양보한다는 게 망설여졌다. 혹 누가 양보할 사람이 있나 하고 둘러보니 모두 자는 눈치였다. 하는 수 없이 자리를 양보하고 뒤돌아 반대편을 보고 섰다. 임산부가 미안해할까 봐 그렇게 한 것이었다.

동시에 두 자리가 비어 앉았다. 조금 전에 꾼 꿈이 생각나 누가 내 옆자리에 앉게 될까 공연히 마음이 설레었다. 왠지 꿈속에서 본 사람처럼 멋있는 남자가 탈 것 같다는 생각이 들었다. 아니 생각이 들었다기보다는 그러기를 바랬다고 하는 것이 옳을 성싶다. 책을 들여다보고 있지만 머릿속에 들어올 리 없었다. 책을 읽는 시늉만 낼뿐 관심사는 누가 이 자리에 앉을까였다.

한참 후 다른 칸에서 자리를 찾아 건너오던 남자가 앉았다. 얼굴이 수박자두처럼 거무튀튀한 오십대 남자였다. 술독에 사나흘은 들어앉았다 나온 사람 같았다. 호흡곤란이 오는지 자리에 앉자마자 한숨을 푹푹 내쉬었다. 순간 숨이 멎을 것만 같았다. 땀 냄새는 그만두고라도 생선 썩는 냄새를 품어대는데 금방이라도 속이 뒤집힐 것 같았다. 옆 사람은 아랑곳하지 않고 아예 신발까지 벗었다. 눈알이 쏟아질 것 같은 두통이 왔다.

우여곡절 끝에 앉은자리인데 또다시 갈등이 일었다. 한번 참아보자는 생각으로 코를 감싼 채 앉아 있었다. 급기야 한 치 건너인 내 옆 사람이 토할 것 같다는 말을 남기고 다음 역에서 내렸다. 그 말에 반사적으로 나도 목적지가 아직 멀었지만 내리고 말았다. 달콤한 꿈값으로 치른 냉혹한 현실이이었다.

그러나 달콤한 꿈을 다시 꿀 수만 있다면 한 번쯤 더 혼난들 무슨 대수일까 하는 생각은 변함이 없다.

잘하는 짓도 멍석만 깔면

어느 동화작가의 강연을 들었다. 동화하면 어린이를 대상으로 하지만 본질적으로는 어른 독자까지도 포함한다는 내용을 시작으로 강연은 처음부터 열강의 도가니였다. '프로이트' 와 '융' 의 대표적인 무의식에 대한 이론에 이르기까지 강사는 두 시간이나 되는 강연을 조금도 떠는 기색 없이 쉬지 않고 하였다. 많은 사람들의 박수갈채 속에 강단을 떠나는 그녀를 보며 나는 잠시 생각에 잠겼다. 나보다 십 년은 연하일 것 같은 그녀의 자신감 있는 모습이 부러웠다. 어쩌면 그렇게 말을 잘 할 수 있을까. 타고나서일까 노력한 것일까. 그녀의 당당한 모습이 참으로 보기 좋았다.

잘 하던 짓도 멍석만 깔아주면 못한다고 내가 꼭 그 꼴이다. 어려서부터 수줍음이 많아 남 앞에 나서는 것을 꺼려하였다. 초등학교 때는 행여 책읽기를 시킬까 봐 두려워 수업시간 내내 콩닥거리는 가슴을 안고 고개를 숙이고 있었다. 수줍음이 많으니 말수도 적었다. 선생님은 벙어린 줄 알았다시며 말을 시켜볼 양으로 심부름을 나에게만 시키기도 하셨다.

여학교 때 음악 실기시험을 치르는 날이었다. 독창으로 불러야 할 가곡은 슈베르트의 〈음악에〉였다. 친구들과 연습을 했을 때 떨지 않고 잘 되어 자신 있다는 말을 주술처럼 외우고 불렀다. 그러나 가사가 제대로 이어지지 않았고 부드럽게 이어 불러야 하는 곳에서는 침을 꿀꺽 삼키고 말았다. 차라리 비포장도로를 달리는 달구지 위에서 노래를 불렀으면 핑계라도 댔을 것이다. "왜 떨어?" 하시는 카랑카랑한 선생님의 목소리는 지금도 귀에 쟁쟁하다.

그로인해 그 날의 수업은 하루 종일 엉망이 되어 버렸다. 창피하기도 하고 왜 나만 그러나 속상하기도 하였다. 대중 앞에만 서면 이유 없이 말이 막히고 사시나무 떨 듯 와들와들 떨어대니 자신이 한심하기 짝이 없었다. 이러한 경험을 당해보지 않은 사람은 모를 것이다.

그날 이후 소심한 성격은 극에 달해 사소한 것에도 신경을 쓰고 아무 것도 아닌 일에 스트레스를 잘 받았다. 조그마한 실수나 잘못에도 못 견뎌하고 그것에 사로잡혀 밤잠을 설친 적이 한두 번이 아니다. 어느 심리학자는 '사람은 얼마나 표정이 밝고, 매력 있고, 연기를 잘하느냐에 따라서 그 사람의 인생 성패가 달려 있다' 고 말하였다. 그 말에 나도 이제부터는 성격을 바꿔봐야지 하는 생각이 들었다.

전문적인 치료는 아니지만 거울 앞에 서서 큰 소리로 노래도 해보고, 성우가 더빙을 하듯 흉내도 내어보며 기회만 있으면 많은 사람들과 어울려 말하는 연습을 하였다. 그러나 내면에 도사리고 있는 소심증은 쉽게 떨쳐지지 않았다. 고치려는 마음보다는 대중 앞에서 말하거나 노래할 일이 없기만을 바라는 마음이 더 컸던 것이다.

한번은 직장생활을 하던 중 모 방송국에서 남자가수와 여자가수가 노래대결을 하는 프로그램에 다섯 명의 여사원이 심사를 위해 출연하였다. 한참을 진행하다가 사회자가 회사의 자랑을 좀 하라고 하였다. 그러면서 적극적이고 말 잘하는 사람 다 놔두고 하필 나에게 마이크가 다가왔다. 고민할 겨를도 없이 가슴은 벌써 콩 타작을 시작하였다. 갑자기 땀샘은 홍수가 나고 뒷목이 뻣뻣해지면서 머리에서는 쥐가 났다. 도대체 무슨 말을 했는지 의식도 못한 채 횡설수설하였다. 눈치 빠른 사회자가 거들어 주지 않았으면 아마 그날로 회사에 사표를 내야했을 것이다.

세월이 웬만큼 흘렀는데도 요즘이라고 크게 달라진 게 없다. 얼마 전에는 친구들과 숲 속으로 바람을 쏘이러 갔다. 어찌하다 보니 노래를 한 곡씩 부르게 되었다. 내 차례도 예외 없이 돌아왔다. 이제는 조금 나아졌으려니 생각하였다. 그런데 내 의도와는 상관없이 겨우 한 소절을 불렀는데 가사들이 먹구름 속으로 숨어 버리기라도 한 양 앞이 캄캄하였다. 장난기가 많은 한 친구는 그만 부르라고 야단이었다. 그러나 그 장난기가 되려 힘이 되었는지 네 번이나 반복해서 부르고서야 다음 순번에게 기회를 넘겼다.

누군가 말하길 노력해도 고쳐지지 않는 단점은 오히려 껴안고 사랑하는 것이 백 배 낫다고 하였다. 내 안에서는 아니라고 우겨보지만 대중 앞에서 제대로 말도 못하고 매번 떠는 것은 누군가에게 잘 보이려고 하는 마음이 숨어 있기 때문일 것이다. 이는 나에게 다행한 일인지도 모르겠다. 나는 이 약점 때문에 일상생활에서나 대중 앞에서 늘 대범해지기 위해 만반의 준비를 하게 되고, 성실하고 충실하게 살아가려고 노력하기 때문이다. 그렇다면 오히려 이러한 단점이 자신을 옳게 들여다볼 수 있는 거울이 되고 있는 것은 아닐까.

언니 같은 동생

바짝 추워진 어제 대봉감 한 박스를 받았다. 해마다 이맘때면 동생이 늘 하는 일이지만 요즈음처럼 경기가 좋지 않을 때는 미안한 마음마저 든다. 올해는 감이 잘아서 개수가 많아 이웃들과 나누어 먹기도 좋을 것 같다. 이렇듯 동생은 언니인 나와 막내인 남동생을 늘 챙긴다.

여름이면 동기간들이 모여 휴가를 즐길 수 있도록 주선을 하고, 겨울에는 김장을 넉넉히 하여 나누어 준다. 그런데 남동생의 아들인 조카가 군 입대를 하면서부터 챙겨야 할 일이 한 가지 더 늘었다. 조카가 근무하는 곳은 PX(군대 내의 매점)가 없는 곳이라 한 달에 한 번 편지와 간식을 푸짐하게 보내는 일을 도맡아 하고 있다. 하긴 우리 둘 다 아들을 현역으로 보내보지 않았으니 그러한 일들이 또 다른 즐거움이 아닐까 싶기도 하다.

동생은 어릴 적부터 부지런하고 야무지다는 소리를 들었다. 끼니 때가 되어 어머니가 밥상을 차리시면 나는 가만히 앉아 있는데, 일곱 살배기인 동생은 행주로 상을 닦아 수저를 놓고 반찬을 올려놓곤 했다. 아홉 살 나서부터는 제법 밥까지 지었다. 어머니가 직장에서 늦는 날에는 어김없이 밥을 했다. 지금처럼 압력솥이나 전기밥솥이 있는 것도 아니어서 양은솥에 쌀을 씻어 연탄불에 지었는데도 어머니는 맛있다고 하셨다. 그러더니 중학교를 다닐 때부터는 지치고 힘드신 어머니를 돕는다면서, 가끔씩 새벽에 일어나 제 도시락은 물론 어머니와 내 도시락까지 싸주곤 했다. 그때는 언니가 되어서 부끄러운 지도 모르고 당연한 일처럼 생각했는데 지금에 와서 돌아보니 눈시울이 붉어진다.

이렇게 부지런하고 착한 동생을 하마터면 잃을 뻔한 적이 있다. 내가 여섯 살 때 쯤인가, 세 살 터울인 동생을 데리고 개울가에서 놀고 있었다. 비가 온 뒤여서 물이 많이 불어나 있었는데, 이끼 낀 돌 위에서 놀던 아이가 그만 미끄러져 물에 떠내려가고 있었다. 나는 놀라서 어쩔 줄 몰라 하다가 발을 동동 구르며 동생을 살려 달라고 큰 소리로 울었다. 마침 한 남자분이 멀리서 울음소리를 듣고 달려와 구해 주었다. 지금도 그때를 떠올리면 가슴이 마구 방망이질을 한다.

한번은 두고두고 눈물샘을 자극하게 하는 일이 있었다. 내가 병원에서 아이를 낳고 퇴원하는 날이었다. 임신을 한 줄도 모른 채 남편이 행방불명 된 상황에서 동생이 병원비를 마련했다. 그러던 차에 어떻게 알았는지 아이아빠가 동생에게 연락을 했더란다. 형부가 왔다는 기쁨에 병원비를 쥐어주며 빨리 병원으로 가서 퇴원을 시키라고 했다. 그런데 아이아빠는 그 돈을 가지고 그대로 다시 자취를 감추었다. 동생이 다음 달 봉급을 타면 주겠노라고 사정하여 퇴원할 수 있었다. 퉁퉁 부은 얼굴로 아이를 안고 칼바람을 맞으며 퇴원하는 내 뒷모습을 동생은 또 얼마나 안타깝게 바라보았을까. 결국 동생은 능력 없는 언니의 병원비는 물론 모든 출산용품까지 마련해야 했다.

동생은 자상한 남자를 만나 결혼해서 남매를 두었다. 요즘 유행하는 신조어로 시댁(사람들)을 뜻하는 시월드(媤+World)와의 사이도 좋은 편이다. 결혼해서 지금까지 쉬지 않고 일을 하면서도 시댁 챙기는 일 또한 게을리 하지 않았다. 동생의 그런 마음을 어여삐 보신 시어머니는 가끔씩 용돈도 건네주시고 결혼하지 않은 시동생은 한약이나 옷을 선물하기도 한단다. 열심히 산 덕에 내 집 장만도 하고 남에게 아쉬운 소리 하지 않을 만큼 사니 그만하면 괜찮은 삶이 아닌가 싶다.

사실 동생이 이만큼 살게 된 데는 알뜰한 생활이 큰 몫을 했다. 평소 알뜰하기로 소문난 동생은 지출을 잘 하지 않는 편이다. 동네 시장에서는 '한보따리' 라는 별명을 얻기도 했다. 돈을 아끼느라고 항상 파장에 가서 떨이 물건을 구입해 한보따리씩 들고 왔기 때문이다. 그뿐이랴. 지금은 많이 여유로워졌지만, 제 아이들 중학교 때까지만 해도 내 아이의 옷을 가져다 입혔고 심지어는 실내화까지 가져다 빨아서 신도록 했다. 참으로 야무진 구석이 있었다는 생각이 든다.

지금 동생은 만학도이다. 자식들 모두 졸업시켜 사회로 내보내고 이제는 자기 차례라며 늦깎이로 대학생활을 즐기고 있다. 사실 직장에 다니랴 학교 공부하랴 힘든 날이 더 많지만 그래도 행복하다며 웃는다. 그리고 캠퍼스에서 일어나는 재미있는 이야기들을 구구절절 보내온다.

언니라고 하면서 항상 받기만 하고 무엇 하나 제대로 보답도 못하는 처지가 늘 부끄럽다. 동생은 이런 나의 부끄러운 마음까지도 감싸 안는다. 언니 같은 동생이 있어 내가 더 행복하다는 것을 그녀도 알리라.

내리 사랑

요 며칠 사이 친정어머니가 심한 독감 때문에 고생이시다. 기침을 할 때면 옆에서 보는 사람이 통증을 느낄 정도다. 가슴은 찢어지는 아픔이요, 눈은 금방이라도 쏟아질 듯 무거우며, 코는 꽉 막혀 답답하고, 머리는 바위에라도 부딪친 것 같다며 고개를 절레절레 흔드신다. 거기에 몸살이 겹쳐 온몸은 나른하고 불덩이가 들랑날랑하는 것 같고 삭신은 안 쑤시는 데가 없으며, 다리는 트럭을 단 것처럼 무겁다고 하시니 밥맛은 천리 밖으로 달아났을 게 분명하다.

독감예방주사를 맞지 않으셨던 게다. 어찌어찌하다 시기를 놓쳤다고는 하시지만 그 결과가 너무 고생스럽지 않은가. 친정어머니의 이마에 차가운 수건을 얹어놓고, 팔과 다리를 주물러 드리며 다음부터는 연세를 생각해서 꼭 예방주사를 맞고, 더 심해지기 전에 병원을 가시라고 괜한 잔소리를 한다. 그러면서 죄송한 마음에 며칠 전

동네 미장원에서 들은 얘기를 들려 드리니 고개를 끄덕끄덕 하신다.

우리 동네에서 멀지 않은 곳에 고등학교 삼학년인 아들과 그의 어머니가 살았다. 그 어머니는 온몸에 멍을 달고 산송장처럼 산다며 동네 사람들은 수군거렸다. 폭력행사를 하는 남편도 없고, 아들이라고 하나 있어봐야 늘 조용한 편이라고 했다. 참 이상하다고 생각한 사람들은 그 집 주변을 살피기 시작했다.

그러던 어느 토요일 오후 안방에서 도란도란 이야기 소리가 들려 귀를 기울이고 들어봤다. 모자지간에 나누는 대화였다. 친구들과 놀러가게 돈을 달라는 고삼 아들에게 그의 어머니는 조금 밖에 줄 수가 없다고 했다. 한참을 옥신각신 한 후 고삼 아들이 어머니에게 욕설을 하더니 이내 조용해졌다. 너무 조용해서 사람들은 문틈으로 살짝 엿보았다고 한다. 그런데 이게 웬일인가. 아들이 어머니에게 이불을 뒤집어씌우고 연신 발길질을 하는 것이었다. 깜짝 놀란 사람들이 문을 열고 들어가 말렸다. 고삼 아들은 뛰쳐나가고 늘 그래왔다는 듯 그의 어머니는 아무런 표정도 없었다.

남편은 알코올 중독자로 틈만 나면 아들과 자신을 때렸다는 것이다. 아들은 기가 죽어 말이 없어졌고 자신 또한 그렇게 되었다고 했다. 그리고 언제부터인가 남편은 돌아오지 않았고, 아들이 남편의 행동을 그대로 닮아가는 것이 가슴 아프다고 했다.

가만히 듣고 계시던 친정어머니는 "부모는 성품이 좋은 아이가 되도록 어려서부터 안아주고 다독여주면서 내리사랑으로 키우는데, 아마도 그 아이는 내리사랑이 부족한 것 같구나"라고 하신다.

친정어머니의 말을 듣고 보니 가슴 한켠이 찡해져 온다. 남의 말 해서 무엇 하랴. 아들 녀석이 고등학교를 다니던 때 짧은 시간이었지만 무엇이 불만이었는지 무척 폭력적인 성격을 드러낸 적이 있었다. 어느 날 별 뜻 없이 한 얘기에 말대꾸보다는 주먹으로 제 방문을 쳐서 구멍을 냈다. 그로인해 뼈에 이상이 있었는지 손이 부어오르고 치료를 거부해 지금도 약간의 흔적을 가지고 있다. 할머니나 삼촌, 이모가 아빠 사랑을 대신해 주었다 해도 부모가 함께 주는 온전한 사랑만은 못했던 것일까. 아이에게 가장 미안한 것은 무엇보다도 아빠와 함께 해주지 못했던 것이다.

세상에 부모의 사랑만한 것이 또 어디 있을까. 어려서는 건강하게 바른 아이가 되도록 노심초사 안아주고, 청소년 때는 공부 열심히 해서 좋은 직장 갈 수 있도록 보듬어 주며 기도해 주고, 결혼하면 잘 살라고 바람막이가 되어주는 부모의 사랑, 어찌 이러한 내리사랑을 먹고 자라는 사람이 좋은 사람이 되지 않을 수 있을까.

내리사랑은 자식에 대한 부모의 사랑이다. 자신의 어머니를 이불로 덮어씌우고 발길질을 하던 고삼 철부지 학생이나 불만을 토로할 곳이 없이 제 방문을 주먹으로 쳤던 내 아들이나 부모의 사랑이 부족한 것은 같은 입장이다. 늦었다고 생각하는 순간이 가장 빠른 때라고 했던가. 이미 철이 든 대학생이 되었지만 아들 녀석에게 못 다 준 사랑을 한껏 주어야 할 것 같다. 그리고 늘 바쁘다는 핑계로 어머니를 제대로 모신 적이 없는데, 다음엔 꼭 친정어머니를 모시고 가서 예방접종을 해드려야겠다.

하늘 저 끝에서

폭설 속에 지인의 부친 문상을 다녀왔다. 지병을 오래 앓아 오신 아버지를 떠나보내는 그녀의 절절한 슬픔이 문상객들의 눈시울까지도 젖게 했다. 생전에 부녀간의 정이 얼마나 깊었으면 저렇게 숨이 넘어갈 정도로 구슬피 울까.

돌아오는 길에 오십 년 전 돌아가신 아버지를 가만히 떠올려 보았다. 아마 일곱 살이 되던 해 겨울이었을 것이다. 새벽녘에 화장실이 가고 싶어 아버지를 깨웠는데 아무런 반응이 없었다. 칭얼대는 소리에 놀라 어머니가 잠을 깨셨다. 얼른 아버지 곁으로 가 이리저리 살펴보시더니 끊어질 듯이 통곡하셨다. 올망졸망한 우리 형제들은 영문도 모르고 따라 울었다. 일곱 살짜리의 기억 속에 남아 있는 그날 새벽은 온 동네가 깊고 하얀 눈 속에 덮여 있었다. 눈옷을 입은 앙상한 나뭇가지들도 삭풍에 떨고 있었다.

아버지는 스물두 살에 결혼하셨다. 그 후 입대하여 제주도에서 병영생활을 하던 중 병을 얻어 의병제대하셨다. 그리고 오래도록 병마와 싸우다가 서른일곱 창창한 나이에 생을 마감하셨다. 심한 천식과 폐결핵으로 당신 몸 하나 건사하기도 힘든 상황이었지만 자식들에게만은 더 없이 애틋하셨다.

아버지를 내가 가장 많이 닮았다고 한다. 그래서인지는 모르겠지만 다른 형제들보다는 아버지를 더 많이 기억한다. 언제나 콜록콜록 숨이 멎을 듯한 긴 기침을 달고 아랫목에 누워계셨던 모습이 눈에 아른거린다. 가끔은 병이 호전되면 마실을 가실 때가 있었다. 그때마다 나와 동생은 데려가 달라며 따라나섰다. 그러면 아버지는 웃으시면서 하나는 안고 하나는 걸려 데려가곤 하셨다. 어느 때는 형제들을 나란히 앉혀 놓고 제 각각 앞섶에다 주전부리를 한줌씩 놓아주기도 하셨다. 지금 생각하니 그 주전부리 속에는 아버지의 달콤한 사랑이 담뿍 녹아 있었다.

어머니는 병원은커녕 변변한 약도 제대로 써보지 못하고 앓아 누워계신 아버지를 살려보겠다고 갖은 노력을 다 하셨다. 눈만 뜨면 약초를 구하러 사방팔방 다니지 않은 곳이 없다 하셨다. 하루는 어디서 구했는지 구렁이와 개구리를 가져와 푹 고아서 국물은 아버지를 드리고, 고기는 발라서 우리에게 먹였다. 그때는 철이 없어 그것이 약인지도 모르고 맛있게 받아먹었다. 이러한 어머니의 지극정성에도 불구하고 아무런 보람도 없이 아버지는 그렇게 우리 곁을 떠나 가셨다.

아버지의 장례식은 친지들이 별로 없어서 초라하기 그지없었다. 상여가 나가던 날, 어머니는 나와 동생 둘은 방안에 가둬두고, 지금은 고인이 된 장남 오라비만 장지로 데려갔다. 나는 동네사람들이랑 놀이 가는 것으로 알고 따라가겠다며 생떼를 쓰고 울어댔다. 늦은 시간 어머니는 울다가 지쳐 잠이 든 우리들의 이마를 쓰다듬으며 눈물을 흘리고 계셨다. 눈 덮인 길이라 어린 것들을 데리고 갈 엄두를 내지 못하셨던 것이다.

오늘처럼 눈발이 흩날릴 때면 어렴풋이나마 아버지에 대한 생각이 난다. 하지만 겨우 일곱 살 어린나이의 기억들이 고작이어서 못내 아쉽다. 병약한 몸으로 짧게 살다 가셨지만 어느 집 자식들보다는 깊은 사랑을 주셨다고 생각한다. 그러한 아버지가 하늘 저 끝에서 다정한 미소로 내려다보고 계시는 것만 같다.

아버지의 기일날인 섣달 열이틀이 멀지 않았다. 기일에도 오십 년 전의 그날처럼 눈이 내린다면 아버지를 뵙는 듯 눈길을 걸어보리라.

삶이 아름다운 그들

지하철역에서 장애인들의 작품전시회가 열리고 있었다. 흘깃 쳐다보며 지나치려니 섬세함이 느껴지는 다양한 작품들이 손짓을 한다. 입구에 「작은사랑 나누기」라는 플래카드가 걸려있다. 안으로 들어서자 문예, 수예, 칼라믹스, 종이 접기 등 나름대로 멋 내기를 한 작품들이 즐비하다.

오른쪽 벽에는 후천성 장애인인 듯한 사람의 시화 두 개가 걸려 있다. 하나는 어릴 적 건강했던 자신의 모습을 그리워하는 내용이고, 다른 하나는 고향을 그리워하는 마음을 담고 있다. 시에 대한 식견이 그리 많은 것은 아니지만 전시자의 애틋한 마음이 가슴에 와 닿는다.

가운데 벽에는 의류와 가방이 있다. 깊이 있어 보이는 디자인과 색상이 어느 전문가의 작품이라해도 손색이 없을 듯하다. 특히 하늘

색과 우윳빛이 적절히 섞인 가방이 눈에 띈다. 가늘고 긴 천을 엮어서 한 땀 한 땀 구슬을 꿰어 만든 것인데 구슬마다에 수줍음이 달려 있다. 오월의 신부를 상징하는 것 같아 이 작품을 만든 사람이 결혼 적령기의 숙녀일 거라는 생각이 든다. 비록 자신의 몸에 장애가 있지만 어느 누구 못지않게 아름다운 꿈을 꾸며 만들지 않았을까.

뒤로 돌아서니 전시장 가운데에 칼라믹스로 만든 연못 속의 개구리 마을이 있다. 개구리 마을은 화창한 봄날이다. 마을 한켠에는 연꽃이 생글생글 웃고 있는 작은 연못에서 개구리들은 다이빙 연습을 하는 듯 연신 뛰어내리고 있다. 마을을 둘러싼 울타리에는 온갖 형형색색의 꽃들이 이야기를 나누며 재잘거리고, 길 가운데로는 나들이 가는 개구리 가족이 즐겁게 손을 흔들며 걸어가고 있다. 어찌나 그 모습이 생생한지 마치 이 마을로 놀러 온 것 같다.

마지막 코스인 왼쪽 벽에는 가을이 춤을 추고 있다. 가을의 축제라고 이름 붙이면 좋을 성싶다. 감나무에 주렁주렁 달려 있는 감을 어린아이들이 장대를 이용해 따고 있다. 금방이라도 내 머리 위로 감 하나가 떨어질 것 같다. 조금 더 지나서는 억새풀이 바람에 몸을 내 맡긴 채 흔들의자에 앉아 깊은 사색에 잠겨 있고, 코스모스들은 같은 율동을 하며 합창을 하고 있다. 그리고 바로 그 옆에는 목도리로 똬리를 틀고 털모자와 장갑을 올려놓았는데 겨울작품이 많지 않아 아쉬웠다.

작은 공간 속의 사계절을 보고 나오니 마치 고향에라도 다녀온 기분이다. 이 공간 속에서 나는 추억 속으로의 여행도 함께 다녀왔다.

삼십여 년 전 근무하던 직장에서는 불우아동 돕기의 하나로 도봉동에 있는 어느 단체와 결연을 맺고 있었다. 정신박약아를 수용하는 단체였는데 외부의 많은 도움을 필요로 하는 곳이었다. 내가 막 사회에 발을 디디던 해에 회사와 직원들의 작은 성의를 가지고 그곳을 방문하였다.

부모가 없는 아이들도 있지만 부모가 있으면서 그곳에 와 있는 아이들도 있었다. 후자인 아이들은 일주일에 한 번, 혹은 한두 달에 한 번 정도 부모들이 보러왔다.

그들의 삶의 현장이 되는 작업실을 가 보았다. 내가 처음 접한 작품은 천을 이용한 앞치마와 뜨거운 것을 들 수 있는 손 장갑이었다. 디자인도 훌륭했지만 바느질 솜씨가 어찌나 정교한지 벌어진 입을 다물 수가 없었다. 두 손은 자꾸만 꼬이고 머리가 한쪽으로 치우쳐서 어디 한 곳에 초점을 맞출 수가 없는 장애아들이 온 신경을 쏟으며 주어진 작품을 만드는 모습은 경이로움마저 들었다. 부자연스러운 몸으로 얼마나 많은 노력과 심혈을 기울여 왔기에 그들이 만들어 낸 작품들은 전문가의 수준 못지않게 되었을까. 그들의 사전에는 불가능이란 없어 보였다.

나는 정신지체아라고 하면 아무 것도 못할 거라는 생각을 가지고 있었다. 그러나 그것은 어디까지나 기우에 불과하다는 것을 그곳을 방문하고 알았다. 그들도 하고 싶은 것들이 있었고 열심히 노력하면 된다는 것을 알고 있었다. 할 수만 있으면 무엇이든 열심히 하여 사회의 한 구성원으로서 당당하게 살아보고자 하는 욕망을 가지고 있었다. 어쩌면 그 욕망이 정상인보다 더 강하게 가슴에서 용솟음치고 있는지도 모를 일이다. 다만 스스로가 시작할 수 없기에 누구든 도움을 주어야 한다는 것이 안타까울 뿐이다.

그때의 기억을 더듬으며 지하철역에 전시된 작품들을 보니 감회가 새롭다. 그들의 끈기, 섬세함, 순수함, 맑은 웃음은 무엇과도 바꿀 수 없는 보석 같았다. 내가 나은 것이라곤 좀 자유스러운 몸뿐이지만, 그것으로나마 그들이 필요로 할 때 도움이 되는 사람이 되어야겠다고 다짐해 본다.

4부

미완성 인생 지도

네비 여사와 안녕 여사

어버이날을 맞아 친정어머니와 사돈어른을 모시고 청와대 관람을 했다. 청와대의 오월은 신록들의 축제로 어디를 가도 눈부시게 푸르렀다.

내가 친정어머니와 시내 나들이에 나설 때 사돈어른을 함께 모시는 것은 두 분이 모두 적적한 것이 많이 닮아서이다. 젊어서는 삼남매 키우는데 여념이 없어 마음 편히 구경 한 번 못하셨고, 이제는 산수(傘壽)를 바라보는 연세에 누가 모시고 가지 않으면 여행은 꿈도 꾸지 못하신다. 그래서인지 어머니는 시내구경을 가자고 하면 사돈어른도 함께 가면 좋겠다라는 말씀을 하시곤 한다.

이렇게 닮은 삶을 사시는 두 분께 이유를 달아 만날 수 있게 해 드리면서, 그렇게 모시다 보니 사돈어른과 가끔은 농담을 할 정도로 가까워졌다. 어딘가 구경갈 기회가 생기면 개인적인 일이 겹치지 않는

한 함께 모시니 나는 큰딸노릇을 해서 좋고, 동생은 동생대로 딸 노릇 며느리 노릇을 하니 더불어 좋은 것이다.

거동이 불편하신 두 분 어머니를 위해 휠체어를 대여해 모셨다. 안내를 받으며 춘추관에서 홍보영상물을 관람한 후 녹지원으로 향했다. 녹지원으로 가는 길은 휠체어를 밀고 가기에 조금 힘에 겨웠다. 자연 미는 사람의 호흡이 거칠어지기 시작했다. 이때 두 분 어머니는 약속이라도 한 듯 조심스럽게 일어나 당신들이 직접 밀고 가겠다고 하셨다.

그런데 빈 휠체어를 밀고 가시는 것조차 힘이 드셨나 보다. 잠시 걸음을 멈추신 사돈어른이 굽은 허리를 토닥이며 "하하하, 나는 항상 이렇게 안녕하세요? 하면서 다닌답니다. 덕분에 인사성이 절로 좋아졌어요."라며 웃으셨다. 언제부턴가 사돈어른의 허리가 많이 굽어가고 있다는 것을 알게 되었지만 그저 바라볼 수밖에 없었다. 그런데 이제 친근감이 느껴져서일까. 오늘은 왠지 그 말씀을 듣는 순간 나도 모르게 장난기가 발동해 "어머나, 그러시네요! 예전엔 좀 무뚝뚝해 보였는데, 재란 할머님께서 그리 말씀하시니 정말 그래 보이네요. 그럼 이제부터 재란 할머님을 '안녕 여사'라 불러야겠어요. 괜찮으시죠?"라고 했다. 사돈어른은 흔쾌히 그러라고 하셨다. 하지만 사실 난 아직 그렇게 불러보지는 못했다.

장난기가 발동한 데에는 그럴만한 이유가 있었다. 친정어머니의 별명이 생각나서였다. 친정어머니의 별명과 사돈어른의 별명을 함께 되뇌어보니 재미있었다. 친정어머니는 하루 세 번 정도 동네를 돌며 걷기 운동을 하신다. 매일 이곳저곳을 다니시니 자연스레 골목골목을 많이 알고 지름길이 어딘지도 잘 아신다. 뿐만 아니라 시장 사람들과도 잘 알고 계셔서 과일이나 야채 같은 것은 물론 김치까지도 얻어 오시곤 한다. 하여 우리 삼남매가 붙여드린 별명이 네비게이션을 줄인 네비 여사다.

녹지원은 청와대에서 가장 아름다운 정원으로 어린이날 행사를 비롯해 각종 야외행사를 하는 곳이란다. 120여 종의 크고 작은 나무들이 잘 어우러져 있고, 잔디밭은 어찌나 깔끔하게 꾸며졌는지 두 분 어머니는 꼭 별천지 같다며 감탄을 금치 못하셨다. 두 분께서 서로 바라보며 감탄하시는 모습이 꼭 어린아이 같았다.

거의 한 시간 반 동안 구 본관이었던 경무대 터, 대통령의 집무실과 외빈 접견실이 있는 본관, 외국 대통령 등 손님을 맞이하는 영빈관 등을 관람했다. 두 분 어머님은 청와대 구경이 흡족하셨는지 귀한 곳을 구경시켜 주어 고맙다며 흐뭇해 하셨다.

지난해에도 두 분을 모시고 청계천 나들이를 했었다. 졸졸 흐르는 물을 따라 긴 시간을 걸으며 두 분은 참으로 많은 이야기들을 주고받으셨다. 작게는 손자들 얘기에서 크게는 현 정치와 경제 얘기까지 나름의 생각들을 조곤조곤 나누며 다정하게 걸으셨다. 그러한 모습이 좋아 동생과 나도 가능하면 두 분을 함께 모시고 다니기를 원한다. 어쩌면 이는 이미 돌아가신 나의 외할머님과 사돈할머님과의 관계 때문인지도 모른다.

외할머님은 아들이 없어 그나마 괜찮게 산다는 넷째 이모와 함께 사셨다. 그런데 이모는 친정어머니와 시어머니를 함께 모셨다. 두 분 할머님은 한 방에서 오랜 세월을 함께 사셨다. 식구들이 모두 나가고 없으면 같이 식사도 챙겨 드시고 말동무를 하며 지내셨다. 모두 구순을 훨씬 넘겨 돌아가셨지만 사시는 동안은 친자매처럼 다정하셨다.

청와대 관람을 마치고 나와 광화문에서 근무하는 제부를 불러 저녁식사를 했다. 하루의 나들이가 행복했다는 사돈어른의 말씀을 듣고 제부는 고마움의 표시로 맛있는 저녁을 샀다. 어머니와 함께 살지 않기에 이러한 기회에 뵈올 수 있는 것만으로도 기쁜 모양이었다.

네비 여사와 안녕 여사는 우리 가족 모두에게 소중한 어른이시다. 참으로 어려운 게 사돈지간이라지만 또 사이좋게 자식을 나누었으니 한없이 가까울 수 있는 게 그러한 관계가 아닐까 싶다. 나의 외할머님과 사돈할머님께서 다정하게 친자매처럼 오래 지내셨듯이 함께 사실 수 있는 기회가 있을지는 모르겠지만, 사시는 동안 친동기간처럼 오순도순 잘 보내셨으면 한다.

어쩌면 세상의 모든 어머니들은 네비 여사이고 안녕 여사일지도 모른다. 자식들의 안전과 행복한 미래를 위해 가시밭길을 마다하지 않고 기꺼이 안내해 주시는 인생의 나침반이요 네비게이션이 아닐까. 그리고 오랜 시간 그 역할을 해내느라 이미 마음의 척추는 굽을 대로 굽어 있을 것이다.

다음엔 네비 여사와 안녕 여사를 모시고 어디를 가볼까. 그때는 사돈어른께 "안녕 여사"라고 한 번 불러드려야겠다.

연극을 만나다

지난 토요일 내 생애 중턱에서 새로운 기쁨을 맛보았다. 중랑구청 지하대강당에서 중랑구의 명칭 유래가 된 '효녀 중랑' 을 소재로 한 연극공연에 참여해 많은 호응을 얻었다.

평소 예술문화에 관심을 갖고 있긴 했지만 자신이 직접 참여하리라고는 생각지도 못했는데, 어느 날 중랑연극협회장 직을 맡고 있는 분을 우연히 만난 것이 계기가 되었다. 무릎 연골 손상으로 인하여 다니던 직장도 그만두고 어딘가 마음 쓸 일이 필요했던 차에 그분의 제의는 마음을 솔깃하게 했다. 아파트라는 주거형태에 살다보니 옆집에 누가 사는지조차도 모르는 현실이 안타까워, 생활문화공동체 만들기 행사로 연극공연을 계획하고 있다며 꼭 참여해 달라는 것이었다. 문화생활을 통해 아파트 주민들 간의 화합을 도모케 한다는 취지의 설명을 듣고 망설일 것 없이 합류했다.

지난 칠월 초 중랑구청 대회의실에서 오디션을 거쳐 이십여 명의 출연진이 최종 결정되었다. 나는 인형극의 '중이'와 신파극의 사회자 '변사'를 맡았다. 초등학교 이학년부터 일흔다섯 어르신까지 다양한 연령층이 출연하는 연극 "효녀 중랑"은 〈중랑자 이야기〉라는 중랑구의 구전설화를 바탕으로 만들어졌다. 조선시대에 전쟁터에서 눈을 다쳐 앞을 못 보는 아버지를 대신해 남장을 하고 부역에 참가한 딸의 이야기이다. 이 연극은 중랑자의 아버지를 잡으러 온 저승사자들이 극을 이끌어 가는데, 극 속의 극으로 인형극과 신파극이 함께 진행된다는 것이 특징이다.

하지만 연습과정은 생각보다 어려웠다. 주어진 무대에서 모든 것을 행동으로 보여줘야 하고, 뒷좌석까지 들릴 수 있도록 크면서도 안정된 의사전달로 관객을 집중시켜야 한다. 정말 어려운 게 연극이라는 생각이 들었다. 대사 읽는 연습, 행동선 연습, 관절이 있는 인형을 움직이는 연습, 안무, 노래까지 다양한 것들을 소화해 내야 했다. 일흔을 훌쩍 넘긴 어르신은 입에서 단내가 나도록 대사 암기에 열정을 쏟았고, 또 어떤 이는 자다가 잠꼬대를 할 정도로 열심을 다했다고 한다. 나도 늦은 밤마다 공원에 올라 변사 대사연습에 몰입하다보니 목이 잠겨 한동안 고생하기도 했다.

이처럼 두 달 가까이 대사 읽는 연습을 했기 때문에 행동선 연습에 돌입했을 때는 잘할 수 있을 것 같았다. 그러나 마음 뿐 어설픈

대사 따로 뻣뻣한 몸 따로 재미난 광경들이 속출해 연출자와 출연진들의 웃음보가 터지기 일쑤였다.

그래도 다섯 달이라는 긴 시간 동안 힘겨운 연습을 별 탈 없이 마치고 성공리에 공연을 마칠 수 있었던 것은 출연진과 스텝 모두의 넉넉한 이해와 배려 덕분이었다. 지칠 때면 누가 먼저랄 것도 없이 서로 위로해 주고, 맛난 음식을 싸와 나누어 먹으며 시름을 덜어내기도 했다. 때로는 짬을 내어 대학로로 몰려가 연극관람도 하고, 뮤지컬과 영화를 보면서 두께를 가늠하기 어려웠던 어색함과 경계심도 실타래 풀 듯 풀어갔다. 이제는 서로의 눈빛만 봐도 기분을 읽을 수 있고 함께여서 좋은 부모형제 같은 이웃이 되었다.

"효녀 중랑"을 연습하는 중에 나는 두 번의 공연을 더 했다. 불과 몇 개월 사이에 세 편의 연극공연을 한 셈이다. 첫 번째는 십오 분짜리 뮤지컬 "아파트"로 중랑구청 지하 대강당에서였고, 두 번째는 십 분짜리 뮤지컬 "디자인 女"로 〈2009 서울디자인올림픽〉에서 중랑구의 날 행사에 참여했다. 잠실종합운동장 무대에서 음악 "댄싱 퀸"과 "맘마미아"를 부르며 찬란한 율동을 하고, 디자인으로 변화하는 중랑구를 메시지로 전했다. 처음 하는 공연이었지만 열정적이고 신나는 무대였으며 자기 만족을 맛본 행복한 순간이었다.

지금 나는 갈 데는 많아도 오라는 곳이 없는 지천명을 넘긴 나이를 보듬고 있다. 이러한 때 연극을 만나 새로운 도전을 하고 그 속에서 이웃은 물론 내 자존감까지 생겼으니 삶에 활력소가 되어 줄 윤활유를 찾은 셈이다. 한 편의 연극을 무대에 올리기 위해 자신을 버리고 오로지 극중 인물로 충실하려 했던 이웃들, 연습이 힘들 때마다 사랑과 이해로 서로 배려하면서 땀과 웃음을 나누었던 보석 같은 사람들이다. 이 모든 것들을 얻게 해 준 연극을 만날 수 있었던 것은 행운이었다.

흔히들 인생은 연극이라 말하지만 인생을 연극처럼 살 수는 없다. 연극에는 작가가 만들어 주는 배역이 따로 있다. 배우는 그 배역에 맞는 연기만 충실하게 해내면 무대 밖의 사람들에게 박수를 받을 수 있다. 하지만 인생은 다르다. 각본도 연기도 무대도 자신이 직접 해야 하며 감독까지 해야 한다.

짧은 기간이었지만 무대 위의 연극과 무대 밖의 연극을 동시에 해봤다. 팔십 분짜리 연극 한 편을 무대에 올리기 위해 얼마나 많은 시간과 열정을 쏟았던가. 과연 무대 밖의 내 인생도 그렇게 살았는지 스스로에게 반문도 해 보았다. 수십 년이나 되는 무대 밖의 내 인생을 허투루 살아서야 되겠는가.

연극을 만나 안정감 없이 다람쥐 쳇바퀴 돌 듯 하던 내 삶을 기쁨과 감동으로 승화시킬 수 있었다. 또한 새로운 사람들과 연극을 통한 생활문화공동체를 만들어가면서 예술문화의 중요성도 알게 되었고, 함께 어우러져 마음과 눈빛을 주고받으며 이해와 배려, 사랑과 격려 그리고 나눔을 배웠다. 모든 것을 가능케 하는 것이 연극이 아닐까.

가끔씩 삶이 건조하다고 느껴질 때면 연극을 만나 다른 사람의 삶을 경험해 보는 것도 좋으리라.

어떤 만남

저녁이 다 되어 친정 동생이 전화를 했다. C가 전화를 해서 누나의 연락처를 묻더니 언제쯤 한국을 방문하겠다는 내용을 전하라고 했다는 것이다.

잠을 설치며 깊은 상념에 빠져있던 며칠 후 그에게서 전화가 왔다. 부인과 아이들을 데리고 한국에 왔노라며 모 호텔에서 만나기를 청했다. 갑자기 머릿속이 수세미처럼 엉겨 복잡해졌다. 만나야 할지 핑계를 대고 피해야 할지 도무지 답을 내리지 못하다가 만나기로 약속을 하고 집을 나섰다. 지하철을 타고 가는 내내 머릿속에선 내 기억 저편의 파편들을 뒤지고 다니면서 스냅사진 전시회를 열고 있었다.

신록이 눈부시도록 화사한 어느 봄날, 소공동에 있는 L백화점에 근무하고 있을 때였다. 늘 갇혀 있는 입장이라 바람도 쏘일 겸 퇴근 후 친구들과 세상살이 눈요기나 할까 하고 명동을 향해 지하도를 건너가고 있었다. 그때 키가 큰 젊은 청년이 내게 다가와 전화를 해달라고 했다. 그런데 이게 어인일이람. 남의 나라 말이 아닌가. 순간 고민이 되었지만 너무나 준수한 외모에 압도되어 당당하게 오케이를 외치며 그의 청을 들어주었다. 그러나 상대의 부재로 전화연결은 이루어지지 않았다. 측은한 그를 뒤로 하고 가려는데 이제는 길까지 잃었다고 했다. 할 수 없이 호텔까지 가서 차를 마시고 연락처를 주고받은 후 헤어졌다.

나는 아무 일도 일어나지 않은 듯 다시 일상생활로 돌아왔다. 여느 때처럼 회사에 충실하고 휴식시간에는 신문을 보았으며, 퇴근 후에는 친구들과 스터디 그룹을 만들어 한자공부를 했다. 때로는 연극을 보러가고 영화도 보았으며 음악다방을 찾았다. 이렇게 하루하루를 보내고 있을 즈음 그가 직장으로 찾아왔다. 떠나기 전에 한번 만나겠다는 심사였다. 처음에 함께 만났던 친구들과 고궁을 구경하며 사진도 몇 장 찍었다. 그리고 그는 자신이 언론사 기자라는 말을 남기고 고국인 말레이시아로 떠났다. 후에 알게 되었지만 그는 영국에서 공부를 한 사람으로 영어, 중국어, 일어, 말레이어를 능숙하게 하는 사람이었다.

내 미소가 마음에 들었다는 그와의 인연이 시작된 후 직접적인 만남은 없었지만 일주일이 멀다하고 편지가 날아왔다. 직업상 많은 나라를 여행하며 보낸 엽서와 사진만도 상당했다. 물론 사진들 중에는 그가 찍어갔던 내 사진도 몇 장이 포함되었다. 반면 나의 성의표시는 그의 십분의 일도 되지 못했다. 어학에 약한 나에게 영작은 정말 어려웠다. 열 통의 편지와 엽서를 받으면 겨우 한 통을 보내면서 꼬박 하루가 걸리곤 했다. 그러니 거의 일방적인 것이지 무슨 편지를 주고받는다고 할 수 있겠는가. 그래도 그는 내가 보낸 한 통의 편지를 받고나면 꽤 행복해 했다. 말도 통하지 않으면서 전화를 주곤 했으니 말이다.

그렇게 삼 년을 보내고 나는 식구들에게 결혼 얘기를 꺼냈다. 가족들이 반대하고 나섰다. 특히 친정어머니는 멀리 있는 단 장보다 가까이 있는 쓴 장이 낫다시며 삼남매가 멀리 떨어지는 것을 싫어하셨다. 그러면서 "옆집에 사는 누구 네는 달랑 형제인데 하나는 미국에 살고 하나는 이곳에 있으니 몇 년이 되도록 남처럼 지내는 게 좋더냐." 하고 예까지 들어가며 말리셨다. 사랑하는 사람과 헤어진다는 것이 얼마나 괴로운 일인가를 별처럼 많은 날 고민하고야 알았다.

결국 나는 다른 사람을 만나 결혼을 했다. 영국의 다이애나 왕세자비가 세기에 남을 결혼을 하고 얼마 있지 않아서의 일이었다. 그에게 결혼소식을 알리자 불과 얼마 전에 다이애나비에 관해 이야기를 주고받으며 결혼 얘기를 나누었는데, 무엇이 그렇게 급해서 결혼을 했느냐며 힘들어 했다.

그런데 그가 나를 만나기 위해 한국을 찾았다. 만남을 망설일 때는 언제고 가까워질수록 심장이 방아를 찧고 있었다. 내 안에 그를 향한 그리움이 숨어 있었던가. 호텔 앞에 나와 있던 그는 멀리 있는 나를 알아보고 손짓을 했다. 그는 나를 부인에게 소개했다. 지천명의 나이인 그는 세 살 된 딸과 2개월 된 아들이 있었다. 부인과 내가 아이들을 앉고 사진을 찍은 후 저녁식사를 함께 하자고 권했더니 둘만의 시간을 가지라며 사양을 했다.

그와 나는 양식당에 마주앉았다. 큰 키에 풍체 좋은 호남형의 청년이 중후한 멋이 배어나는 중년이 되어 있었다. 서먹함을 숨기기 위해 미소 지으며 반갑다는 말을 먼저 건넸다. 그러자 그는 온돌방의 아랫목만큼이나 따스한 두 손으로 내 손을 감싸 쥐었다. 그러면서 그윽한 눈으로 나를 바라보며 "보고 싶었어. 너무나 보고 싶었어."라고 했다. 순간 나는 온몸에 전율을 느꼈다. 나도 너무나 보고 싶었나 보다. 처음의 감정이 이렇게 되살아나리라곤 상상도 못했다.

식사가 끝나자 그는 테이블 위에 있는 봉투에서 무엇인가를 쏟아 놓았다. 그것은 지난 날의 흔적들로 편지와 엽서, 그리고 한국을 알리는 작은 선물들과 빛바랜 사진들, 그가 결혼하기 전 나를 잊지 못해 자신의 방에 붙여놓고 보던 것들이라고 했다. 나는 찡한 감정을 억누르며 아직도 그것들을 가지고 있느냐고 물었다. 괜찮단다. 결혼

전의 일은 부인도 어쩌지 못한다며 다시 봉투에 주섬주섬 담았다. 나는 그동안 잊고 살았는데, 그가 나를 생각하는 빛은 아직도 원색인 것일까. 부인에게 미안한 생각이 들었다. 부인은 그의 비서였고, 그보다 10년은 젊고 예쁜 여자다. 나와 헤어진 후 결혼하기까지 힘들어하는 모습을 고스란히 지켜본 여자라고 했다.

23년만의 만남인데 시간은 왜 그리도 빨리 가던지 벌써 세 시간이 흘렀다. 만국어로 주고받았지만 많은 이야기를 했다. 일어서며 나의 작품이 실린 책 한 권을 선물했더니 아름다운 사람이라며 칭찬을 아끼지 않았다. 내가 대여섯 걸음을 앞장서자 뒤에서 그가 나직하게 말했다. "키스 미 플리스!" 그가 다가와 내 이마에 가볍게 입맞춤을 했을 때 나는 그 자리에서 그만 얼어붙어 버렸다.

그 후 그에게서 몇 차례 메일이 왔지만 나는 여전히 어학에 약하다는 이유와 그의 부인에게 왠지 모를 미안함으로 답장을 하지 않고 있다. 그러나 우리가 언제 다시 만나게 될지 모르지만 내가 그를 다시 만난 건 큰 기쁨이었다.

지음(知音)이 되기 위하여

친구는 아름답고 귀한 존재다. 조금 전까지 내 옆에서 다른 어려운 친구의 걱정을 하다가 남편이 귀가할 시간이라며 달려가는 친구를 보고 나는 친구의 존재를 생각한다. 부모형제와는 또 다르게 나와 공유할 수 있는 것이 가장 많은 사람이 친구가 아닐까 싶다. 소꿉동무, 학교 친구, 사회지기, 취미가 같고 나이가 비슷한 사람끼리 벗이라는 이름으로 어우러진다. 하지만 그냥 알고지내는 사이라고, 막연한 개념으로 친하다는 이유로 다 친구가 될 수 있는 것은 아니라고 생각한다. 적어도 서로에게 힘이 되어주는 사이라야 친구라고 할 수 있지 않을까.

진정으로 친한 사이라면 상대방의 표정과 행동만 봐도 속내를 읽고 희로애락을 함께할 수 있어야 한다. 흔히 "나는 저 친구의 얼굴만 봐도 무엇을 원하는지 다 알아."라는 말을 한다. 하지만 그리스의

한 시인이 "진정한 우정은 곤경에 처했을 때 나타난다. 형편이 좋을 때는 별별 친구들이 다 몰려오기 때문이다."라고 말했듯이 막상 그 친구가 어려운 일이 생겼거나 좋지 않은 일로 고민할 때면 겉으로 하기 쉬운 말뿐 내심 피하기 일쑤다. 이러한 일들은 우리의 일상생활에서도 쉽게 볼 수 있다. 그러나 아직 세상은 따뜻한 마음을 가진 사람들이 더 많아서 가을 산에 단풍들 듯 아름다운 관계는 여기저기에 화사하게 피어 있다.

지음(知音)이라는 고사성어가 있다. 종자기(種子期)가 백아(伯牙)의 음악을 잘 이해한 것에서 지음지기(知音知己)라는 말이 생겼는데, 『열자』의 「백아종자기」 편에 수록되어 있으며, 곧 마음을 잘 알아주는 친구를 가리킨다.

중국 춘추시대 거문고를 잘 타는 백아라는 사람에게는 그 소리를 누구보다 잘 감상해 주는 친구 종자기가 있었다. 백아가 거문고를 타며 높은 산과 큰 강의 분위기를 그려내려고 하면 옆에 있던 종자기는 탄성을 질렀다. "아, 훌륭해. 하늘 높이 우뚝 솟는 그 느낌은 마치 태산 같고, 넘칠 듯이 흘러가는 그 느낌은 마치 황하 같군." 이처럼 두 사람은 마음이 잘 통하는 연주자와 청취자였다. 그러나 불행히도 종자기가 병으로 죽고 말았다. 그러자 백아는 절망한 나머지 거문고의 줄을 끊고 다시는 연주하지 않았다고 한다.

이 외에도 좋은 친구에 대한 이야기는 동서고금을 막론하고 많이 있다. 물고기가 물을 떠나 살 수 없듯이 아주 친밀하여 서로 떨어질 수 없는 사이라는 '수어지교(水魚之交)' 라는 말이 《삼국지》에 나오고, 마음이 맞아 서로 거스르는 일 없이 죽고 사는 것을 함께할 수 있을 정도의 친한 벗이라는 '막역지우(莫逆之友)' 라는 말이 《장자》의 〈대종사〉 편에 나오는 등 참 많은 말들이 있다. 하지만 나는 그 중 지음이라는 말을 좋아한다. 내 주변에 그런 사람들이 많이 있어서인지도 모르겠다.

오래 전 사회에서 알게 된 나보다 서너 살이 위인 사람들 이야기이다. 한 사람은 사업가이고 두 사람은 교직에 종사하는 사람이었다. 그들은 만남부터가 흥미로웠다. 세 사람은 늘 다니던 단골식당에서 만났다고 했다. 그들은 각기 다른 학교 출신으로 직장도 각각이었다.

그 중 사업가는 상호를 대면 알 만한 기업의 장자이고, 교직에 있는 친구도 한 사람은 나름대로 가정이 넉넉했다. 그런데 다른 한 사람은 가정이 어려웠다. 이들이 만나면 경제적인 해결은 늘 사업가의 몫이었다. 꼭 부유해서가 아니라 그의 마음 씀씀이가 그러했다. 그는 호탕하고 남을 배려하는 마음이 묻어나는 사람이었다. 그래서 그 중에서도 가정이 어려운 친구에게 이런 말을 했었다. "너는 돈에 대한 신경은 쓰지 말고 네가 맡은 임무에 부끄럽지 않도록 최선을 다해라. 아이들을 가르치는 사람이 돈에 신경을 쓰다보면 진정한 교육자가 될 수 없다."

사업가는 그의 말을 실천에 옮겼고 다른 두 친구 역시 같은 일을 하는 사람으로 말할 나위가 없었다. 그들은 각기 다른 환경에 처해 있으면서도 어쩌면 그렇게 궁합이 잘 맞을 수 있을까. 그들의 관계는 흐트러짐이 없는 참으로 아름다운 사람들이었다.

사실 서로가 서로에게 지음이 된다는 것은 그리 쉬운 일이 아니다. 지음이 된다는 것은 이심전심이 된다는 것이기도 하다. 아무리 친한 사이라고 하지만 오래도록 마음 상하지 않고 지내기란 또한 쉬운 일이 아닌 것이다. 오성과 한음이 그랬고 관중과 포숙아가 그랬던 것처럼 그것은 서로를 얼마만큼 이해해주고 감싸주느냐에 따라 다르지 않을까 한다. 내게도 생각해 보면 그럴만한 친구가 있다. 십 년지기인 같은 취미를 갖고 있는 친구로 다만 그동안 그것을 느끼지 못했을 뿐이다.

그는 책을 가까이 하며 많은 사람을 만나서 그런지 마음이 풍요롭다. 지혜롭기까지 해서 그와 대화를 하다보면 고개가 절로 끄덕여진다. 그를 만난지 얼마 되지 않았을 때 나는 몸과 마음이 피폐해져 아무 일도 할 수 없었다. 자연 생계뿐 아니라 아이의 교육비도 감당하기 어려웠다. 그때 내게 조용히 다가와 정신적으로나 물질적으로 위안이 되어주었던 사람이 그다. 그 친구의 따뜻한 마음은 황무지였던 내 마음을 개간하여 주었던 것이다.

그 후 지금까지 그는 사사로운 일까지도 나를 챙기고 감싸주고 있다. 그러나 나는 그에게 작은 도움조차도 제대로 주지 못하고 있는 형편이다. 그가 내게 부담을 주지 않으려 하기 때문이다. 그래서일까. 친한 친구일수록 오해는 더 많을 수 있고, 그 상처의 깊이 또한 더 깊을 수 있는데, 우리는 오랜 시간이 흘렀지만 한 번도 마음 상한 일이 없다. 어쩌면 이것은 백아와 종자기처럼 서로의 마음을 잘 알아주는 친구라고 여기기 때문은 아닐까.

우리네 삶에 있어서 누구의 진정한 친구가 되어 준다는 것은 그 친구를 위할 뿐 아니라 나의 삶을 더욱 풍요롭게 가꾸어주는 일이라는 생각이 들었다. 나도 이제는 이와 같은 지음이 되기 위해 그 누구의 진정한 친구가 되도록 삶을 가꾸어야겠다.

이백 원이 주는 큰 웃음

오늘도 친정어머니는 남동생 때문에 눈물범벅이 되도록 웃으신다. 자식들이 보기에는 그냥 한바탕 웃고 말 일인데도 어머니는 두고두고 웃으신다. 웃으시는 어머니의 모습은 언제 뵈어도 행복해 보인다.

모처럼 맞이하는 이틀간의 연휴다. 그동안 바쁘다는 핑계로 어머니를 찾아뵙지 못했는데, 기회는 이때다 하고 아침 일찍 한달음에 달려 왔다.

식구가 적어 집이 조용한 산 속 같더니, 삼남매가 모이니 제법 사람냄새가 난다. 일본 동경에서 유학 중인 조카가 강진으로 인한 원전방사능 문제를 피해 잠시 들어와 함께한 자리여서 이야기보따리는 온통 지진에 대한 것이다. 지진해일이 몰려온 뒤로 이틀간이나 연락이 두절돼 온 가족이 가슴 졸이던 생각을 하면 지금 이 시간이 감사할 따름이다.

점심시간이 파티분위기다. 갖가지 음식을 한 상 가득 차려 놓고 시간가는 줄 모르고 먹고 또 먹는 중이다. 못다 핀 이야기꽃도 밥상머리에서 흐드러지게 피고 있다. 조카들 이야기만 해도 밤을 새야할 것 같다.

서열로는 내 아들이 첫째, 여동생 딸과 아들이 그 뒤를 잇고, 남동생 아들이 막내다. 첫째가 10년 만에 올해 대학을 졸업하고 전공인 연극을 뒤로 한 채 자영업을 준비 중이고, 둘째는 일본 유학 중이며, 셋째는 건축학과를 졸업한 후 제 밥벌이를 하고 있다. 다들 나름대로 이야기가 한 바구니씩 되지만 뭐니뭐니 해도 관심은 올해 대학생이 된 막내의 이야기이다. 임상심리학을 전공하게 된 것부터 새내기 생활, MT, 기숙사 생활, 새로운 친구들과의 만남 등 듣고 또 들어도 흥미진진하다. 톡톡 튀는 젊음이 좋고, 어제 태어난 병약했던 녀석인 줄 알았더니 어느새 훌쩍 자라 대학생이 되었구나 하는 감회가 새롭다.

차를 마시며 과일을 먹고 있는데 설거지를 마치고 자리에 앉으려던 여동생이 무엇인가를 발견한 듯 어머니에게 묻는다. 어머니의 침대 옆에 있는 어항을 본 것이다. 하긴 나도 그제야 보았으니 궁금하긴 매 한 가지다.

어머니는 방을 답답해 하셔서 거실에 침대를 놓아드렸는데, 지난 달에 왔을 때도 보지 못했던 물건이다. 가뜩이나 집이 절간 같다는 소리를 듣는데 하나 있는 조카 녀석이 기숙사로 들어가는 바람에 어머니가 적적해 하실까 봐, 남동생이 금붕어를 키우며 시간을 보내시라고 어항을 사다드린 것이다. 아침에 눈을 뜨면 잘 잤는지, 운동하러 나갔다 돌아오시면 밥은 잘 먹고 잘 놀았는지를 물으며 관심을 갖다보니 시간가는 줄도 모른다고 하신다. 얼마나 다행한 일인가.

색깔이 화사한 금붕어 일곱 마리가 어항 속에서 유유자적 노닐면서 어머니의 대화상대가 되어준다니 자식보다 낫다는 생각이 든다. 이리저리 만져보고 훑어보던 여동생이 어머니의 친구노릇을 한다는 것이 볼수록 기특하고 예쁘다면서, 얼마를 주었기에 이렇게 효도할 줄 아는 어항을 사왔느냐며 호들갑이다. 그러자 남동생은 허허 웃더니 낮은 소리로 주저 없이 "이백 원"이라고 한다. 순간 거실은 웃음바다가 되고 만다.

사실 그 소리를 다른 사람이 했다면 별 재미를 주지 못했을 것이다. 남동생이 툭 던진 말이기에 배꼽을 잡고 웃을 수 있는 것이다. 남동생은 평소 말이 없는 편인 데다 늘 이래도 홍이요, 저래도 홍인 사람이다. 그런 사람이 가끔 한마디씩 던지는 말이 폭소를 자아낸다.

친정에서 지난봄에 오래된 냉장고를 바꾸었다. 어머니의 말씀이 냉장고가 늙어서 치료를 받아도 소변을 가릴 줄 모르고 하루 종일

주방 바닥을 적셔놓는다고 하신다. 시시각각 그것을 닦아내는 것도 귀찮거니와 전기선이라도 물에 닿을까 봐 위험해서 바꾸셨단다. 이 때도 냉장고를 보기 위해 온 가족이 모였다. 문이 두 개짜리로 은빛의 은은한 꽃무늬가 있는 옷을 입었는데 제법 크고 늘씬한 것이 꼭 미스코리아 같았다. 친정에 좋은 냉장고가 있는 게 흡족하여 어머니에게 "얼마 주었대요?" 라며 물으니 "응, 이백 원" 이라고 하셨다. 여동생과 내가 웃음보가 터진 것은 물론이지만, 어머니는 당신이 말씀을 해놓고도 눈물까지 흘리면서 한참을 웃고 나서야 진정을 하셨다.

이렇듯 남동생은 모든 물건 값이 이백 원이다. 나에게 선물을 해도 이백 원이고, 어머니에게 용돈을 드리면서도 "이백 원 거금이니 아끼지 마시고 펑펑 쓰세요." 라고 한다. 하다못해 어머니가 지출이 많은 것을 걱정하여 조카 녀석의 등록금이 얼마나 나왔느냐고 물었을 때도 이백 원이라고 대답했다.

어머니는 가족들의 걱정을 덜기 위해 늘 웃음으로 넘기고, 이백 원이라고 대답하는 남동생의 마음을 아신다. 그래서인지 이백 원이라는 단어에 웃음을 달고 사신다. 가끔씩 만나는 가족모임에서 이백 원이 주는 큰 웃음은 보석이 되어 거실에 뿌려진다.

미완성 인생 지도

한자 학습지 교사를 하고 있는 나는 가끔 지도를 보게 된다. 담당 지역이 바뀌기라도 하면 그 지역 지도를 보는 것은 필수로 동선(動線)을 좁혀 시간에 쫓기지 않도록 학생을 관리한다. 지난 6월 중순부터 세 지역의 학생 오십여 명을 소개받아 지금은 백여 명으로 늘어났다. 짧은 기간 동안 거의 배가 되는 학생이 늘어난 셈이다.

학생 수가 늘어난 만큼 힘든 일도 많아졌다. '가지 많은 나무 바람 잘 날 없다' 더니 어느 날부터 과외시간이 바뀌었으니 시간을 뒤로 미뤄 달라, 운동을 해야 하니 앞으로 당겨 달라, 요일을 바꿔 달라 등 요구사항이 많아졌다. 말이 쉽지 이미 정해진 시간을 바꾸려면 여간 번거로운 일이 아니다. 그들의 요구대로 이리저리 바꿔주다 보니 이미 동선은 얼키설키 수세미가 되어버렸다. 차 한 잔 마실 틈도 없이 시간에 맞추어 뛰어다니다 보면 밤 열한 시를 넘기기 일쑤다.

아이들의 한자공부를 도와주는 일은 재미있다. 그러나 헝클어진 동선을 따라 하루 종일 이집 저집을 방문한다는 것은 내 의지와는 상관없이 걸음걸이를 쳐지게 한다. 이럴 때 행여 누군가가 나의 뒷모습을 볼 지도 모른다는 생각에 이내 정신을 가다듬고 어깨에 힘을 주어보지만 몸은 천근만근으로 내려앉는다.

그러던 어느 날, 문득 어쩌면 집집마다 다니고 있는 이 고르지 못한 동선들은 바로 내가 걸어온 인생 지도가 아닐까 하는 생각이 들었다. 처음 시작했을 때는 이렇게 저렇게 해야지 하며 꿈도 많았다. 하지만 시간이 흐를수록 시간관리며, 요일관리며, 계획대로 되는 것은 거의 없게 되었다. 동선이 자주 바뀌니 나만의 완성된 학생관리 지도를 갖는다는 것은 꿈같은 일이 되어버렸다.

내가 걸어온 길 역시 무엇 하나 내 의지대로 된 것이 없는 것 같다. 태어난 것과 어린 시절이야 어쩔 수 없다 하지만 성인이 된 이후마저 대부분 내 생각과는 어긋나기만 했다.

흔히 생각하는 결혼적령기보다 조금 늦은 나이에 결혼했지만 남들처럼 평탄하게 살고 싶었다. 크게 욕심 부리지 않고 열심히 일해서 여동생, 남동생 결혼시킨 후 친정어머니를 모시고 아들딸 낳아 웃음 가득한 가정을 만들고 싶었다.

그런데 그러한 꿈마저도 고작 3개월 정도 지나자 산산조각이 났다. 영세식품공장을 운영하던 남편은 부도를 내고 온다간다 말 한마디 없이 자취를 감췄다. 설상가상으로 아이가 생겼고, 전셋집과 공장은 채권자 손에 넘어가 오갈 데 없는 상황이 되었다. 그 와중에 아이를 혼자 낳아 기르면서 꿈 많던 이십대는 저물어갔다.

우여곡절 끝에 취업을 해서 월세를 얻고, 다시 전세로 옮기기까지 이사도 수 없이 했다. 한 번은 전세금을 오백만원이나 올려달라는 주인의 요구에 급하게 이사를 한 것이 지하방이었다. 다시 옮기기까지 일 년 동안 기관지가 좋지 않았던 가족들은 감기를 달고 살아야 했다. 이처럼 나의 삼십대 역시 철새처럼 이사를 위한 세월이 아니었나 싶다.

사십대에 접어들면서 친정어머니와 떨어져 아이와 단 둘이 살았다. 아이가 중학생이 되고 사춘기를 겪게 되었을 때 참으로 외로운 하루하루를 보냈다. 아이에 대한 의논상대가 없으니 막막하기 이를 데 없었다.

모든 것을 혼자 해결해야 하는 자신을 원망하다가 시작한 것이 마음을 풀어놓을 수 있는 수필공부와 만학에의 도전이었다. 뒤늦게 수필가가 되고 캠퍼스를 누비며 마음을 풍요롭게 한 일은 지금 생각해도 백번 잘한 일이다. 어쩌면 사십대야말로 내 인생의 황금기가 아니었을까 하는 생각이 든다.

지금 오십대의 초입에 들어섰다. 하고 싶은 일을 선택해서 할 수 있는 나이라면 얼마나 좋을까. 하지만 이미 좋은 직장하고는 거리가 먼, 누구도 인정하지 않는 늦은 나이다. 그래도 오십이 젊다고 인정해 주는 곳이 있어 시작한 것이 학습지 교사다. 학습지 교사는 3D업종이라 해서 교사가 부족한 상태다. 어찌 오십이 젊지 않을 수 있겠는가.

내일 출근을 하면 어쩔 수 없이 또 한 번 동선을 바꿔야 한다. 한 학생은 시간을 바꿔달라고 했고, 또 다른 학생은 요일을 바꿔달라는 요청을 해왔기 때문에 학생관리지도가 또 바뀔 예정이다.

덩달아 내 인생 지도도 머지않아 바꿔야 할 것 같다. 과로로 인한 발병(發病)으로 더 이상 일을 계속한다는 것은 아무래도 무리다. 학습지 교사들이 가지고 있는 학생관리지도가 영원히 미완성이듯 내 인생 지도 또한 어쩌면 영원한 미완성이 될 지도 모르겠다.

약속

이미 자정을 넘겨 시간상으로는 다음 날이 되어 버린 어느 날이었다. 가게 문을 막 닫으려는 순간에 칠순을 넘긴 듯한 노인이 허름한 옷차림으로 들어섰다. 한 손에는 작은 케이크가 들려 있었다. 쭈뼛쭈뼛 망설이더니 소가죽처럼 살갗이 뻣뻣해 보이는 손으로 지폐 이만 원을 내밀며 게임기 한 대를 포장해달라고 했다. 나는 어이없어 하며 망설였다. 제일 싼 게임기가 삼만 원이고 이문이 별로 없기 때문이었다.

그러자 노인은 내 마음을 알아차리기라도 한 듯 오늘이 손자 녀석 생일인데 게임기를 사주겠노라고 손가락을 걸고 약속을 했다는 것이었다. 노인 혼자서 막일을 하며 집나간 부모 대신 유치원에 다니는 손자 녀석을 키우고 있는데 일을 마치고 보니 시간이 너무 늦었다고 했다. 그러면서 돈이 조금 모자라는 듯하니 당신을 보아서라도 하나만 포장해 달라고 애원했다.

요즈음엔 시대가 그런지 부모가 어린 자식들을 버려서 할머니가 키우는 아이들이 종종 눈에 띈다. 그래서일까. 왜소한 체격에 선해 보이는 노인이 유독 안쓰러워 보였다. 더구나 어린 손자와의 약속을 지키기 위해 지치고 힘든 것도 모르고 게임기 가게를 찾아 여기저기 헤매고 다녔을 것을 생각하니 마음이 아팠다. 하지만 예쁘게 포장한 게임기를 들고 미소를 머금으며 깊은 어둠 속으로 사라져 가는 노인의 뒷모습은 기쁨으로 가득 찬 것처럼 발걸음이 가벼워 보였다.

우리는 삶 속에서 많은 약속을 하고 그것을 이행하며 살아간다. 부모와 자식 간의 약속 또는 친구와의 언약뿐 아니라 나 자신에게 다짐을 하기도 한다. 우리는 그 약속들을 얼마나 소중하게 생각하고 지키며 살아가는 것일까.

뒤돌아보면 나는 적잖은 약속을 어기며 살아왔다. 결혼 후 어머니를 모시겠노라 했으나 형편이 여의치 않다는 이유로 실행하지 못하고 오히려 더 힘들게 했다. 그로인해 죄책감은 아직도 가슴에서 여물어가고 있다. 또 외국인 친구에게는 그의 나라 방문요청을 몇 번이나 가겠다는 대답만으로 그치고 말았다. 이런저런 핑계로 지키지 못한 것들이 셀 수 없을 지경이다. 그 중에서도 부끄럽게 생각되는 것은 나 자신과의 약속을 지키지 못한 것이다. 동시통역사가 되리라 다짐했었고, 교사가 되겠다는 꿈을 꾸었다. 어렸을 때의 꿈이야 시시각각 변하니 그렇다 치더라도 성인이 되어서 다짐했던 것은 왜 지키지 못했을까. 외국유학을 다녀와 호텔 지배인이 되겠다고 생각했었다. 이렇게 진로에 대한 약속을 많이도 했지만 지금의 나 자신을 바라보면 어느 것 하나 이룬 것이 없으니 부끄럽기 짝이 없는 일이다. 결국 어떤 이의 말처럼 약속은 태산처럼 해놓고 실천은 두더지 둔덕만큼도 하지 못했던 것이다. 하지만 늦게라도 지킨 약속이 하나 있으니 참으로 기쁘기 한량없다.

아주 오래 전 나는 중학과정 검정고시를 준비하고 있었다. 그때 내가 공부하던 곳에는 왼손이 소아마비인 수학과목을 담당했던 선생님이 계셨다. 선생님께서는 늘 말이 없고 수줍어했던 나에게 관심을 가져주고 용기를 주셨다. 심부름 시킬 일이 있으면 일부러 나를 보내셨고, 선생님 댁으로 자주 불러 따뜻한 말씀을 해주시곤 했다. 나는 선생님께서 주시는 관심과 사랑으로 조금씩 밝은 성격이 되어갔다.

검정고시에 합격한 후 어느 날 선생님께서는 나에게 열심히 공부해서 꼭 대학을 가라고 하셨다. 얼마든지 할 수 있을 거라시며 가난을 핑계로 대학을 가지 않는 일이 없었으면 좋겠다고 하셨다. 나는 꼭 그렇게 하겠다고 선생님께 대답했다.

하지만 사회는 그리 호락호락하지 않아 자꾸 어려워지는 살림 때문에 고등학교는 직장생활을 하면서 다녔다. 그로 인해 대학을 제때에 가지 못한 상황에서 마음 아파하시던 선생님께서는 암으로 돌아가셨다. 다른 친구들보다 느린 행보로 선생님과의 약속을 지키지 못한 것이 한이 된 나는 여유로운 생활은 아니었지만 만학의 꿈을 이루었다. 하지만 격려하고 다독여 주실 선생님께서 계시지 않으니 가슴 한구석이 시려왔다.

나폴레옹은 약속을 지키는 최선의 방법은 약속을 하지 않는 것이라 했지만 이제 나와의 다른 약속을 지키기 위해 노력할 것이다. 그 약속이란 연극을 전공하는 아들에게 희곡 한 편 선물할 수 있었으면 하는 것이고, 내 자신이 좋은 글을 쓰는 사람이 되는 것이다.

약속은 하는 것만이 능사가 아니다. 지키지 못할 약속을 남용해서는 더더욱 안 되는 것이다. 어린손자와 손가락을 걸고 한 약속을 지키기 위해 늦은 밤 힘든 줄도 모르고 게임기 가게를 찾아 헤매셨던 노인의 마음이 얼마나 아름답고 고귀한가. 적어도 내가 그 노인과 같은 정신세계를 지녔더라면 소중한 약속들을 흘려보내지는 않았을 것이다. 지금쯤 그 노인과 손자는 어떻게 살고 있을까.

청바지 사랑

캐나다로 여행을 한 적이 있다. 가벼운 마음으로 티셔츠에 청바지 하나만을 입고 여행지로 떠났다. 셋째 날은 환상의 섬 빅토리아를 관광하기로 하였다. 빅토리아는 불굴의 화가 에밀리카의 고향이기도 하다. 그녀는 옷차림에 별로 신경을 쓰지 않아 친구들로부터 괴짜라는 소리를 들었다고 한다. 어쩌면 외모보다는 예술에 대한 사랑이 더욱 그녀의 관심사였는지도 모른다.

아침에 룸메이트의 옷이 화사한 것을 보고 아름다운 섬과 잘 어울리겠다는 생각을 하였다. 나도 오늘은 화사한 옷을 입어야지 하며 가방을 열다가 문득 내게는 입고 온 청바지 하나가 전부라는 것을 알았다. 친구는 잠옷까지도 계절별로 챙겨와 가방이 헉헉거리고 있었는데 나는 그에 비해 너무 대조적이었다.

삼일 째 같은 옷을 입고 나갔다. 아침인사를 한다면서 여행 안내자가 "오늘도 청바지네요?" 한다. 소심한 성격 탓이었는지 그때까지 별로 대수롭지 않게 여겨지던 상황에 갑자기 신경이 써지기 시작하였다. 나만 좋다고 하는 일들이 때로는 남에게 피해를 주는 것은 아닌가 하는 생각이 들었다. 그 후 일주일이나 남은 여정도 청바지 하나만을 입었다. 그것은 남다른 나의 청바지에 대한 사랑 때문이기도 하다.

어려서부터 곧지 못한 내 체형이 불만이었다. 그래서 그것을 감출 수 있는 옷이면 즐겨 입었다. 열서너 살 때 친척한테서 통이 큰 청바지 하나를 선물 받았다. 천이 두텁고 헐렁헐렁하여 체형이 드러나지 않는 것이 마음에 들었다. 사실 내게는 조금 컸지만 세상에 하나밖에 없는 바지처럼 늘 입고 다녔다. 우선 내 체형의 결점을 감추어 준다는 요술 같은 옷이 마음에 들어 청바지를 가장 선호하는 이유가 되었던 것이다.

청바지는 소재가 두터운 데님지라 세탁을 해도 쉬이 마르지 않는다. 그 선물로 받은 청바지를 다음날 또 입기 위해서 마른 수건을 대고 비틀어 짜기도 하고 어느 때는 덜 마른 옷을 입고 햇볕에 오랫동안 서 있기도 하였다. 그렇게 해서 입기 시작했던 청바지를 낡아서 더 이상 입을 수 없을 때까지 입었다.

청바지는 원래 미국 광산에서 일할 때 입던 작업복이 그 시초였다. 그런데 지금은 질기고 편안한 옷으로 남녀노소 구분 없이 누구에게나 사랑을 받고 있다. 청바지에 대한 남다른 사랑으로 어느 해인가는 내내 청바지만 입고 다니기도 하였다. 그래서 어떤 친구는 겨울이 되자 나에게 "옷이 청바지밖에 없어?" 하고 살며시 묻기도 하였다.

한 번은 직장에서 영어회화를 가르치던 선생이 미군이었는데 하루는 그 분이 미군부대에서 열리는 연회(宴會)에 불러주었다. 큰 모임이라고는 가 본 적이 없었으니 호기심에 마냥 들떠 있었다.

설레는 마음으로 연회장에 들어섰다. 순간 나는 눈이 휘둥그레지면서 돌부처라도 되어 버린 듯 움찔할 수가 없었다. 그곳에는 멋진 제복과 화려한 연회복을 입은 사람들로 붐비고 있었다. 마치 영화에서나 보아왔던 귀족들의 모임 그대로였다.

시간이 지날수록 즐거움보다는 만찬이 빨리 끝나기를 기다렸다. 나를 불러준 분에 대하여 미안한 생각이 들었다. 그래서 연회장보다는 화장실에 머무는 시간이 더 길었었다. 그것은 내 복장에 문제가 있다는 것을 알았기 때문이었다. 그때에 입고 갔던 옷은 평상복인 청바지에 티셔츠였던 것이다. 나는 연회가 끝나기 무섭게 그 자리를 빠져 나왔다.

어떤 여성사업가는 등산복 차림이든 평상복이든 그날 입고 있는 옷이 바로 연회복이었다고 한다. 그러나 나는 그렇지 못하였다. 그들의 연회문화를 바로 이해하지 못했었던 것이다.

나이가 들면서도 청바지를 즐겨 입는다. 얼마 전에는 무더운 날씨를 핑계로 하얀 티셔츠에 구멍이 숭숭 난 청바지를 입고 출근하였다. 직원 중 한 사람이 한마디 하였다. "세련되고 시원해 보입니다." 용기를 내어 입었던 옷인 만큼 "아들 녀석이 안 입는다기에 줄여 입었습니다. 괜찮죠?" 라며 한술을 더 떠서 답하였다. 예전 같으면 아들 녀석에게도 못 입게 했을 구멍 난 바지를 이제는 내가 즐겨 입는다.

구멍 난 청바지 이야기가 나왔으니 하는 말이다. 지난겨울 전철역에서 있었던 일이다. 살갗을 에이는 듯한 날씨였다. 어떤 여성이 상의는 밍크로 만든 옷을 입었는데 바지를 보니 양쪽 무릎에 사각형으로 창이 나 있었다. 바람이 솔솔 들어가는 청바지를 입었던 것이다. 추워서 무릎이 벌겋게 달아 있어 사람들이 힐끗힐끗 쳐다보는 데도 그녀는 아랑곳하지 않았다. 청바지를 꽤나 좋아하는 용기 있는 여성이라는 생각이 들었다.

헐렁헐렁한 티셔츠와 청바지를 입으면 행동이 자유스럽다. 또한 성별, 나이, 체형, 국가, 시대를 초월하여 입을 수 있고 부의 과시와 편견의 잣대에서 벗어날 수 있어서 좋다. 청바지의 매력은 때로는 티셔츠에 때로는 남방셔츠에, 양복저고리까지도 잘 소화해내는 데에 있지 않을까. 그래서 가장 서민적이면서도 가장 멋있는 옷이라는 생각이 든다.

어쩌면 나는 다음 여행에도 일정과 관계없이 청바지 하나만을 달랑 입고 떠날 것이다. 또한 백발의 할머니가 되어도 청바지를 변함없이 즐길 것이다. 그래서 청바지 할머니라는 별명을 듣는다면 그것도 좋을 성싶다. 얼마나 젊음이 넘치는 이름인가.

장벽

취업정보를 알아보느라 새벽까지 컴퓨터 앞에 앉아있는 것이 일과처럼 되어 버린 요즘이다. 남의 얘기로만 듣던 일자리 얻기가 하늘의 별따기보다 더 어렵다는 말을 막상 내 일로 맞닥뜨리게 되니 마음은 불안하고 초조하기까지 하다.

지난 팔월에 늦깎이 공부를 어렵게 마쳤다. 생활고까지 겪으면서 공부에 매달릴 때는 학업만 마치면 내가 원하는 곳에 취업 정도는 할 수 있게 되지 않을까 하는 희망을 품고 있었다.

그런데 막상 졸업을 하고 현실에 부딪혀보니 장애물이 한두 가지가 아니다. 한참이나 하향지원을 해도 연령이 높다는 이유로 거절을 당하기 일쑤다. 하다못해 '학력 경력 연령 제한 없음' 이라는 단서를 붙인 곳에 이력서를 내도 돌아오는 말은 역시 나이가 많다는 이유로 문전박대다.

마지막이다 싶은 생각으로 비교적 연령제한을 두지 않는 유통업체 몇 군데에 지원을 하고 마음을 졸이며 기다렸지만 역시 마찬가지다. 서류심사에서 통과를 못하니 면접의 기회조차 오지 않는 것이다. 혹자는 젊은 사람도 취업하기 어려운 현실에서 당연한 것 아니냐고 하겠지만, 쉰이라는 숫자가 손에서 일을 놓아야 할 만큼의 나이는 아니지 않은가.

얼마 전에는 유명 대학병원에서 병동근무 주부아르바이트 요원을 모집하였다. 병동근무란 간호사의 업무를 보조하는 일로 환자들의 침대시트를 갈아주는 등의 잡일을 하는 것이다. 이 병원은 조건에 제한이 없었다. 가까스로 정보를 얻어 지원서를 내고 일주일을 기다렸다. 일자리를 간절히 바라고 있었기에 기다리는 동안은 아무것도 할 수가 없었다. 그날이 무심하게 지나갔다. 입안이 바싹 타들어가는 심정을 진정시키고 전화를 걸어 서류전형을 어떻게 하는지 물었다. 연령, 출퇴근거리, 경력을 위주로 본다고 하였다. 불행히도 보이지 않는 연령제한의 장벽을 넘지 못하였던 것이다.

비단 연령제한의 한계를 맛보는 사람은 나처럼 나이 많은 이의 문제만은 아닌 듯하다. 후배 중 하나는 견문을 넓히고자 2년간 휴학을 하고 외국을 두루 돌아다니며 여러 경험을 쌓았다. 덕분에 외국어 실력도 늘고 자신감도 있었다. 졸업 후 취업문을 두드렸더니 연령제한에 걸려 노동시장에서의 경쟁기회조차 갖지 못하였다고 한다. 글로벌 시대에 살면서 불합리한 규정들에 얽매여 도전의 기회조차 가져보지 못한다는 것은 젊은 인재들의 앞길을 막는 것은 물론 국가적으로도 큰 손실이라 여겨진다.

연령차별은 일제 강점기인 1937년 우리나라 기업들이 인재를 공개채용하면서부터 시작되었다고 한다. 이는 일본의 영향을 받은 결과이기도 하겠지만 1차 산업의 경제규모에서는 충분히 고려할 수 있는 규제였을 것이다. 하지만 이미 70년 전의 일인 것이다.

오래 전 독일인 사업가이자 대학교수였던 Y씨가 한국을 방문했을 때 한 이야기가 새삼 감동으로 와 닿는다. 우연한 일로 그가 서울에서 머물렀던 20일 동안 가이드 역할을 하게 되었다. 외국어를 잘 못하여도 된다기에 좋은 경험을 하였던 것이다. 그때 그는 일을 도와주는 비서가 당시 56세인 자신과 나이가 같다고 하였다. 우리네 정서로 이해가 되지 않아 어떻게 그럴 수 있느냐고 했더니 젊어서부터 같이 일을 해왔는데 25년째라고 하였다. 비서직으로 입사할 당시 서른을 넘긴 나이만으로도 놀라운데, 그녀가 사직할 때까지 함께 일할 것이라고 했던 Y교수의 말이 새삼 부러워졌다.

일이란 젊은 사람들만 하는 것은 아니라고 생각한다. 젊은 사람의 장점이 있으면 반드시 나이든 사람의 장점도 있는 것이다. 순발력과 개성 있는 아이디어 창출은 젊은 사람에게서 빛을 볼 수 있지만, 나이든 사람의 많은 경험은 노하우가 될 수 있을 것이다. 높낮이가 잘 어우러져야 고운 화음을 낼 수 있듯이 젊은 사람과 나이든 사람의 조화가 더욱 발전하는 사회를 만들 것이라 여겨진다.

통계청에 따르면 우리나라는 이미 2000년에 총인구대비 65세 이상 인구가 7%를 초과하여 고령화 사회로 진입했다고 한다. 이처럼 빠른 속도로 고령화가 되고 있는데 반해 일자리 창출은 황소걸음이다. 오히려 IMF 이후 삼팔선, 사오정, 오륙도라는 은어가 나돌 정도로 정년의 나이는 짧아지고 있다. 이러한 경우라면 얼마 지나지 않아 일할 사람이 모자라 국가 경쟁력은 저만치서 헉헉거리고 있을 지도 모를 일이다. 고령화가 되고 있다는 것은 그만큼 나이를 초월해 젊게 살고 있다는 것이기도 하다. 그렇다면 일할 수 있는 연령의 제한도 변화를 가져와야 하지 않을까.

젊었을 땐 부족한 학벌이 취업의 발목을 잡더니 만학으로 부족한 부분을 다소간 채웠다고 생각하는 지금은 나이가 발목을 잡고 있다. 비단 나뿐만이 아니라 나이 제한에 손발이 묶여있는 많은 사람들에게 거두절미하고, 나이는 단지 숫자에 불과 할 뿐이라는 말을 현실로 받아 드릴 수 있게 되기를 염원해 본다면 욕심일까.

긴 터널

평화의 댐 근처에서 근무하는 조카를 면회하고 가는 길이다. 차량이 많지 않아 제한속도를 초과하여 달리는데도 5.1㎞의 배후령 터널은 끝이 보이질 않는다. 터널 안은 대낮처럼 밝지만 뒷좌석에 앉은 나는 폐쇄공포증이 있는 사람처럼 숨이 컥컥 차면서 머리가 아파온다. 숨통이 좀 트일까 하고 차창 너머 양구로 가는 방향을 바라보니 철문으로 만들어진 비상구가 보이는데 굳게 닫혀 있다. 피난대피용 보조터널이 있다고 하더니 연결통로인 모양이다. 굳게 닫힌 비상구를 보자 가슴은 주먹으로 힘껏 얻어맞은 것처럼 숨통이 콱 막힌다. 내 생애 처음 달려보는 이 긴 터널의 끝은 어디일까. 끝이 보일 즈음이면 답답한 가슴이 확 트일 수 있을까.

지난해 초여름 갑자기 찾아온 몸의 통증은 나를 깊은 수렁으로 몰아넣었다. 조금만 스트레스를 받아도 먹는 것마다 소화가 안 되고, 머리를 쥐어짜는 편두통과 왼쪽 갈비뼈 밑 통증은 성격까지도 송곳처럼 날카롭게 변모시켰다. 누가 말을 건네기만 해도 짜증이 나고 언성이 높아졌다. 아픔은 다양한 곳에서 나타났다. 화장을 할 수 없을 정도로 땀은 비 오듯 하고, 양쪽 어깨와 등, 때로는 허리와 무릎, 팔목까지 아팠으며, 눈도 쉬 피로가 와 뻑뻑한 상태가 지속되었다. 200정도가 정상인 콜레스테롤 수치가 280까지 치솟았다.

여러 병원을 다니며 다양한 검사를 했다. 대부분 이상소견은 없으나 갱년기 증상이라며 이는 질병이 아니라 노화에 의한 자연적인 신체적 변화과정이라는 것이다. 그러면서 안면홍조, 발한, 기억력장애, 우울 등 여러 증상이 나타나는데 호르몬 치료를 받으며 운동을 열심히 하는 게 좋겠다고 했다. 갑자기 메마른 나뭇가지에서 마른 잎이 우수수 떨어지는 느낌이었다. 남의 일로만 알았던 갱년기라는 단어가 어느새 내 앞에 와 있었던 것이다. 들은 얘기가 있어 고민할 것도 없이 호르몬 약 복용을 거절했다. 들은 바에 의하면 호르몬 약을 복용하면 유방암에 걸리기 쉽고 살이 찐다는 것이다. 의사선생님이 잘못된 이야기라며 충분한 설명을 해주었는 데도 약 처방을 받지 않았다. 다만 통증완화에 도움이 될 만한 약만 처방받았다.

아무리 약을 먹어도 통증은 좋아질 기미가 없었다. 짜증은 늘어가고 말수가 적어지며 사람을 기피하게 되니 전화도 잘 받지 않게 되었다. 자연스레 올해 사월 하던 일을 그만두었다. 병원 가는 때를 제외하고는 거의 집 밖을 나가지 않았다. 기억력까지 저하되어 평소 자주 쓰던 단어도 생각이 나질 않았다.

하루는 친구를 만나 샐러드를 먹었는데 정말 맛있었다. 집에 돌아와 만들어 볼 요량으로 재료를 적어보는데, '파프리카' 라는 단어가 떠오르질 않더니 결국 다음날에야 생각이 났다. 그리고 약속장소에 늦은 친구가 병원을 다녀오느라 늦었다고 했는데도, 삼십분도 지나지 않아 "그런데 너 왜 늦었어?" 라고 했다. 또 책이라도 읽으려고 하면 한 페이지를 넘기지 못했으며, 의욕도 없으니 시간을 멍하게 보내기 일쑤였다. 본인도 모르는 사이 우울증까지 왔다고 하니 허송세월이 따로 없었다.

어느 날 TV를 보는데 모 프로그램에서 여성 갱년기에 대한 내용을 다루고 있었다. 한 50대 여성은 남편과 이혼 직전까지 갔다고 했다. 이유 없이 짜증을 내고 만사 귀찮아하며 우울증을 앓고 있어 자살충동을 여러 번 느꼈다는 것이다. 본인은 그렇게 죽음까지도 생각할 만큼 힘이 드는데 가족들은 자꾸 변해가는 아내를, 어머니를 이해할 수가 없었다. 이 여성도 나와 같은 생각으로 호르몬 약을 복용하지 않고 있었다. 그러다가 남편과 함께 병원을 찾은 이후에 약을 복용하기 시작했는데, 그 후부터는 일상생활을 할 수 있게 되었다고 했다.

방송을 보고 난 후 황금 같은 시간들을 의미 없이 보내고 있는 내 자신을 돌아보게 되었다. 이대로는 안 되겠다 싶어 병원에서 내게 맞는 호르몬 약을 처방받았다. 작은 약 한 알에 내 몸의 통증이 좌지우지되다니 정말 어이없는 일이었다.

배후령 터널을 빠져나오니 답답했던 가슴이 탁 트인다. 먼 길을 가다보면 잘 닦여진 길도, 짧고 긴 터널도 만나게 된다. 인생도 마찬가지리라. 수십 평생을 사는 동안 우리는 크고 작은 다양한 아픔을 겪으며 살게 마련이다. 갱년기도 그렇게 왔다가는 하나의 과정이리라. 이러한 증상은 길게는 칠년까지도 간다고 하니 이제 시작인 나는 앞으로 몇 년을 더 약에 의존하며 살아야 할까. 하지만 나는 좀 더 긍정적으로 살며 머지않아 갱년기라는 긴 터널을 빠져나와 밝고 환한 햇살 아래 놓이게 될 것이라는 희망을 버리지 않을 것이다.

5부

가난한 마음 부자 만들기

청량리에서 여름나기

얼굴이 따가울 정도로 강한 햇볕이 내리쬐고 있다. 한신아파트에서 아이들의 한자수업을 마치고 잠시 더위를 식힐 요량으로 청량사(淸凉寺) 앞에 섰다. 작고 초라해 보여 무심히 지나쳐온 사찰인데 청량리의 유래가 된 조선후기의 유서 깊은 곳이라 해서 관심을 가지고 보게 되었다.

지금은 번잡해서 답답하고 덥게만 느껴지는 청량리가 옛날에는 여름철 더위를 못 느낄 정도로 서늘했다고 한다. 청량리라는 지명 또한 청량사가 속해 있던 바리산의 울창한 숲과 샘에서 항상 서늘한 바람이 분다 해서 유래 되었단다. 사찰은 본래 홍릉에 있다가 능이 조성되면서 이곳으로 옮겨져 지금에 이르고 있다. 한때는 애국지사, 고승들의 발길이 잦았으며, 만해 한용운 선생도 이곳에 머물며 회갑연까지 열었다고 한다. 지금은 초라한 모습으로 세인들의 관심 밖으로 밀려나 있다.

청량사에서 잠시 더위를 식히고 다시 종종 걸음으로 미주아파트까지 와서야 겨우 한 숨을 돌린다. 오후 다섯 시인 지금부터 한 시간가량 여유가 있다. 월요일마다 청량리 지역 아이들을 지도하고 있는 나는 이 시간이면 으레 동대문구의 중심지라 할 수 있는 청량리역 앞 롯데백화점 지하 음식코너를 찾는다. 휴가철이 코앞이라 그런지 백화점은 발 디딜 틈 없이 붐빈다. 냉커피 한 잔을 시켜놓고 책을 펼쳤지만 눈은 글귀를 좇고 귀는 오가는 사람들의 대화소리를 엿듣느라 제각각으로 바쁘다. 그래도 이렇게 잠깐의 여유라도 즐기고 나면 한결 몸이 가벼워짐을 느낀다.

청량리하면 청량리역과 맘모스호텔, 홍등가 등이 떠오른다. 어떤 이에게는 사랑과 낭만을, 또 어떤 이에게는 치열했던 삶의 현장으로 기억되어 있을 단어들이다. 내게도 추억 한편이 아련히 잠자고 있는 곳이다.

아주 오래 전 부산사나이와 데이트를 할 때다. 부산에 가면 우리는 주로 자갈치시장과 해운대를 거닐며 오색의 웃음을 푸른 바다에 뿌려주곤 했다. 그가 상경하면 청량리역에서 무작정 기차를 탔다. 우리는 먼저 짐칸에 타서 수박밭인양 맥주며 음료수를 서리해서 마시고 사람들 속으로 들어가 어우러졌다. 그는 음악가를 만나면 음악이야기를, 화가를 만나면 그림이야기를, 식도락가를 만나면 음식이야기를 했다. 말재주가 있었던 그는 대학교수이며, 우리의 알콩달콩 했던 만남은 그의 유학으로 인해 추억만을 청량리역에 묻어두었다.

청량리역은 1911년 처음 모습을 드러낸 이 후, 도심을 벗어나 교외를 찾는 사람들의 희로애락을 실어 나르며 큰 길목의 역할을 해오고 있다. 나 또한 경춘선을 타고 호반의 도시를 구경하고, 눈꽃열차를 타며 낭만을 만끽하지 않았던가.

또 홍등가는 일명 청량리588로 불렀던 서울의 대표적 성매매업소 집결지였다. 일제치하의 공창제도에 의해 역과 함께 태어났던 이곳은 청량리균형발전이라는 명목아래 100여년의 전통을 뒤로하고 지난해 역사 속으로 돌아갔다. 형형색색의 홍등을 밝혀 내면의 상처를 숨기려했던 그녀들의 슬픈 삶도 이제는 아픈 기억으로만 남아 있을 뿐이다.

대왕코너와 맘모스호텔, 롯데백화점은 떼려야 뗄 수 없는 한몸이다. 대형화재로 수많은 사람들의 목숨이 검은 연기와 함께 사라졌던 대왕코너는 맘모스호텔과 백화점의 옷을 입고 다시 태어났다. 80년대 중반 나는 맘모스호텔 커피숍에서 일했다. 역 앞에 위치한 호텔 커피숍이라서 그랬는지 맞선보는 정경을 심심치 않게 보게 되었는데 특히 기억에 남아있는 사람이 있다. 어느 화창한 토요일 오후 까무잡잡하게 그을린 건장한 청년과 고운 아가씨의 맞선 장면이었는데, 고개를 숙이고 중매자의 이야기를 듣고 있던 아가씨가 갑자기 일어나 화장실로 달려갔다. 호기심이 발동한 주변사람들과 알아본즉 상대 남자는 그 시절 한참 상승가를 올리던 프로야구 선수였고, 중매자는 아가씨더러 봉을! 잡은 격이니 아무런 잣대도 갖다 대지 말라고 한 모양이었다. 자존심이 상한 아가씨는 한참을 운 뒤 가버렸지만 그 씁쓸한 기분은 커피메이커였던 내게도 그대로 전해졌다.

맞선을 보았던 수많은 이들에게 커피를 만들어 주면서 진심으로 환상의 짝이 되기를 기원했다. 지금쯤 어딘가에는 나의 기원으로 이루어진 짝들이 행복하게 살면서 맞선 당시를 회상하고 있을지도 모른다.

이제 남은 시간을 미주아파트와 시조사 뒤에 있는 신현대아파트에서 보내야 한다. 롯데백화점에서 나와 환승센터를 바라보니 열기가 작렬한다. 선뜻 들어설 용기가 나질 않아 오른쪽으로 눈을 돌리니 공사가 한창이다. 멀티플렉스영화관과 푸드코트를 갖춘 서울 최대규모의 민자역사가 잉태할 준비를 하고 있다.

민자역사가 태어나면 동대문구의 중심지인 청량리의 위상은 한층 올라갈 것이다.

그 옛날 바리산에서 불어오던 청량함만 못하더라도 내 추억이 잠들고 있는 청량리에서 시원한 여름나기를 기대해 본다.

은사님의 선물

오래도록 건강하게 제자들 곁에 계실 줄 알았던 선생님께서 나흘 전 별세하셨다. 처음 그 소식을 듣는 순간 무언가에 가슴팍을 얻어맞은 듯 먹먹함을 느꼈다. 지난 달 갑자기 쓰러져 뇌수술을 받으셨다는 이야기를 전해 들었을 때도 금방 일어나실 거라고 믿었다.

그러나 선생님께서는 다시 뵈올 수 있는 기회를 주시지 않고 조용히 눈을 감으셨다. 바쁘다는 핑계로 제대로 찾아뵙지 못했는데 망연자실할 수밖에 없다. 이제는 그저 함께했던 추억들을 꺼내보며 안부도 전해드리고 송구스런 마음을 선처만 바래야 하는가. 그동안 켜켜이 쌓아두었던 흔적들만이 새록새록 피어나 눈앞에서 이슬이 되어 아른거리고 있다.

선생님을 직접 뵌 것은 지난 1998년 3월 초부터였다. 정신적으로 많이 힘들었을 때 K대학의 커리큘럼을 보고 수강신청을 한 게 인연이 되어 십 년이 넘는 세월 동안 매월 한 번씩 만나 뵈었다. 수필가로 등단하기까지 선생님께 수업을 받으면서 호통으로 만들어진 절망과 좌절의 쓴 약들을 많이도 마셨다. 하지만 긴 시간 쓴 약을 주신 후의 결과는 무엇과도 바꿀 수 없는 행복이었다. 이제 그 쓴 약은 누가 주실까. 그래도 다행인 것은 내겐 남다른 선생님의 추억이 몇 가지 있다는 점이다.

십여 년 전 오른쪽 어깨에 심한 통증이 와서 밥숟가락을 드는 것도 힘들 정도였다. 밤엔 잠을 잘 수 없었고 낮에는 정신이 흩어져 아무 일도 할 수 없었다. 주변에서 들은 바가 있어 오십견인가 싶었다. 병원에서 엑스레이 검사와 근전도, 초음파 검사를 했더니 건염(腱炎)이라고 했다. 의학용어로 '건 내부의 만성과부하가 염증 반응을 일으켜 발생한다' 고 했고, 경험자들에 의하면 쉽게 나을 병은 아니었다.

하지만 빨리 낫고 싶은 생각으로 꾸준한 운동을 하며 물리치료를 받고 근육 주사도 맞았다. 어쩌다 선생님을 만나는 날은 주사를 맞듯 기(氣)를 받기도 했다.

그러던 어느 날 점심식사 자리에서 팔이 많이 아프다고 하니까 선생님은 나중에 연구실로 들르라고 하셨다. 선생님께서는 상자에서 물건 하나를 꺼내어 "건강 팔찌니까 차고 있으면 좋아질 거야" 라시며 내 손목에 직접 채워주셨다. 나중에 들었지만 선생님께서도 나와 같은 증세로 많은 고생을 하셨는데 이제는 좋아지셨다는 것이다. 내게 주신 팔찌는 어떤 제자가 선생님의 건강을 염려해 선물했던 것인데, 그 귀한 것을 주셨으니 어찌 코끝이 찡하지 않겠는가.

몸에 맞는 팔찌를 하면 힘이 생기고 마음을 차분하게 해준다고 한다. 그래서인지 내 손목을 감싸고 있는 팔찌를 보면 공연히 기분이 좋았다. 친구들은 화려하지 않으면서도 예쁘다고 했다. 그것은 허리띠 모양에 특수강인 황동 재질로 된 장식을 연결시켜 금색도금을 한 것으로, 살갗이 닿는 부위는 옥색의 둥근 실리콘 물질과 자석으로 되어 있다. 멋내기를 좋아하는 사람에게는 별게 아니지만 이 물건이 어떻게 내 손목에 있게 되었는가를 이야기하면 내심 부러워했다.

또 내 영혼을 살찌게 한 학문에의 입문을 도와주신 것도 잊을 수가 없다. 2002월드컵이 열렸던 해 나는 늦깎이 대학생이 되기 위해 심층면접을 기다리고 있었다. 당시 모든 대학입시에서 관심사는 2002월드컵과 붉은 악마였다. 지면 논술이든 심층면접인 구술 논술이든 월드컵에 관한 주제는 단연 압도적이었다.

그러한 관심사인만큼 예상 질문을 만들어 놓고 어떠한 대답을 할 것인지 고민할 수밖에 없었다. 그런데 어느 날 문인 몇 사람과 선생님을 모시고 어디론가 가는 길이었다. 그때 승용차 안에서 붉은 악마에 대한 질문과 빨강색에 대한 우리 민족의 인식변화를 과거와 현재를 비교하여 말하라고 하면, 어떤 식으로 답변을 하는 것이 좋은

지 여쭈어 보았다.

선생님께서는 다양한 내용으로 말씀해 주시며 개성 있는 답을 논리정연하게 하는 것이 무엇보다 중요하다고 하셨다. 말씀 한 마디 한 마디 놓치지 않고 메모했다가 그것을 참고로 나름대로의 답을 만들어 연습을 거듭한 뒤 면접에 임했었다. 그 덕분에 무난히 합격의 영광을 안을 수 있었다.

참으로 값진 보물과 마음을 주셨던 것이다. 이렇게 많은 것을 주고 가셨는데, 되돌아보니 선생님께 해드린 게 하나도 없는 것 같다. 그저 받기만 했다는 게 이토록 부끄러운 일일 줄이야. 내일은 찾아뵈어야지, 전화라도 드려야지 하다가 때를 놓치고, 가슴에 쌓이는 것은 매사 뒤늦은 후회뿐이다.

아, 그리운 선생님의 빨간 베레모와 미소, 그리고 TV속의 모습들! 오래도록 함께 하셨던 선생님의 빈 자리는 쉬이 메워질 것 같지 않고, 벌써부터 그리움은 내(川)가 되어 흐른다.

그리운 선생님의 마중물

선생님과의 인연은 1998년 3월부터였다.

이즈음 나는 아파트 단지 내에서 가정용 오락기를 판매하는 작은 가게를 하고 있었다. 몇 차례의 도난 사건으로 경제적 손실을 크게 입고 있었을 때였다. 정신이 황폐해 있어 무엇에든지 몰두해 자신을 다잡고 싶어 도쿠가와 이에야스(德川家康)의 파란만장한 일생을 다룬 스무 권짜리 대하소설 『大望』을 읽고 있었다. 그래도 답답한 마음은 풀리지 않았다. 마지막 스무 권 째를 읽고 있던 어느 날 신문을 보다가 경희대학교 사회교육원 프로그램이 눈에 들어왔다. 그 중 서정범 선생님의 〈수필교실〉에 관심이 갔다. 방송과 언론매체를 통해 익히 알고 있던 터라 강의를 들어보고 싶다는 생각이 들어 등록을 했다.

3월의 교정은 생동감이 넘쳤다. 연록색의 초목들이 기지개를 펴고 학부 신입생들의 얼굴에는 웃음꽃이 폈다. 덩달아 캠퍼스에 첫 발을 내딛는 내 발걸음도 경쾌했다. 한 학기 동안 매주 화요일마다 오전 열 시부터 두 시간씩 하는 수업이 시작되었다.

본관에 위치한 강의실에 들어서자 낯선 얼굴들이 30여 명 앉아 있었다. 맨 뒷자리를 찾아 앉았다. 조금 후 선생님께서 들어오셨다. 야윈 체격에 베이지색 바바리코트와 자주색 목도리를 걸치고 베레모를 쓰신 모습, 카랑카랑한 음성, 방송을 통해 자주 뵈어서인지 친근감이 들었다. 한 학기 동안의 수업과정 안내말씀이 끝나자 한 사람씩 자기소개를 했다. 각양각색으로 인사를 하는 사람들의 말은 청산유수가 따로 없었다. 모두가 신입생인줄 알았는데 선배들과 함께 공부한다는 것을 알게 되었다.

윤모촌 선생님의 『수필 어떻게 쓸 것인가』라는 교재로 수업을 시작한 지 삼 주가 되던 날이었다. 아침부터 강의실이 부산했다. 떡, 김밥, 과일, 샴페인 등 다양한 음식들이 차려지고 학생들에게 책 한 권씩이 배분됐다. 강의실 한켠에는 화사한 꽃다발도 놓여있었다. 아직 서먹하기만 했던 의아한 광경은 곧바로 파티분위기로 바뀌었다. 여기저기서 한복을 곱게 차려입은 학생에게 꽃다발이 주어지고 "등단을 축하드립니다", "건필하세요" 단어조차 생소한 축하인사말들이 쏟아져 나왔다. 열심히 글을 쓰고 공부해서 '수필가' 가 되었다고 했다. '수필가' 내게는 너무나 거창하고 먼 이야기로 들렸다. 얼마나 글을 잘 쓰면 작가가 되었을까 한편 부럽다는 생각이 들었다. 그날의 등단식은 실로 시끌벅적했다.

이렇게 등단한 수필가들과 어우러져 공부를 했다. 다수의 학생들이 매주 글을 써와 평을 듣고 고치기를 수없이 하고 있었다. 그 결과 두 달 또는 네 달에 한 명 정도는 두 편의 글로 선생님의 추천을 받아 등단하고 있었다. 선배들의 등단 과정을 들어보면 쉽지 않았다는 것을 알 수 있었다. 한 편의 글을 가지고 일 년을 고치고, 이 년을 고치면서 선생님께 꾸중도 많이 들었다고 했다. 글쓴이들을 보면서 자극은 받지만 한 학기가 다 지나도록 글 한 편 쓰지 못했다. 늘 뒷자리에서 있던 나는 선생님과도 가까워질 기회를 얻지 못했다. 기회가 없었던 게 아니라 선생님을 어려워하고 있었다. 그러던 어느 날, 수업을 마치고 점심을 먹기 위해 모두 식당으로 갔다. 어쩌다 선생님과 마주 앉게 되었다. 그 자리에서 선생님께서 두려워하지 말고 무엇이든 생각나는 대로 써 보라 하셨다. 지렁이 어금니 가는 소리도 좋고, 잠자리 눈곱 떼는 소리도 좋으니 시도해 보라는 것이었다. 용기를 얻었다.

한 주 내내 글쓰기에 매달렸다. 사람들의 편견어린 시선으로 마음이 아팠던 기억을 떠올리며 그것을 주제로 글을 썼다. 그때는 컴퓨터를 활용하지 않았기 때문에 원고지를 수도 없이 버렸다. 그렇게 첫 작품 〈汚點〉을 수업시간에 공개적으로 내놓을 용기가 없어 수업 후 교수회관으로 선생님을 직접 찾아가 보여드렸다. 다 읽어보시더니 양을 열다섯 매로 줄이라고 하시면서 "이하림이 글은 자기 철학이 들어있지 않아, 그리고 제목을 '편견의 가시'로 바꾸는 게 좋겠어"라고 하셨다. 힘든 작업이 시작되었다. 선생님께서 지적해 주시는 말씀이 무엇인지는 알겠지만 막상 글을 고치려하면 막막하기만 했다.

두 달여 정도를 열심히 고치면서 선생님과도 가까워지기 시작했는데, 선생님께서는 성에 차지 않으셨는지 다른 글을 써오라고 하셨다. 가정용 오락기 가게를 운영하며 도난당한 사건을 소재로 쓴 〈사랑의 울타리〉를 두 번째 글로 보여드렸다. "이하림이는 詩情이 부족해, 시집을 많이 읽어, 그리고 너무 많은 것을 이야기하려고 하니 주제가 살아있지 않아" 등 많은 말씀을 하셨다. 선생님께서는 수강생들을 지칭하실 때 꼭 성을 붙여 이름 석 자를 불러주셨다. 참으로 다정하게 들리는 호칭이라 여겨졌다. 그렇게 사 학기 이 년 동안 〈편견의 가시〉, 〈사랑의 울타리〉, 중학생 어린 나이에 세상을 등진 오라버니 이야기를 쓴 〈옥황상제의 주례〉, 학생복 가게를 운영하며 겪었던 일을 소재로 한 〈꿈의 씨앗〉 등 네 편의 글을 수도 없이 고쳤다.

학기가 바뀔 때마다 포기하고 싶은 마음이 굴뚝같았다. 하지만 펌 프로 물을 퍼 올릴 때, 물을 이끌어 올리기 위하여 먼저 윗구멍에 붓는 물처럼 선생님의 아낌없이 부어주시는 마중물이 내게는 큰 힘이 되었다. 나의 글들이 작품으로 탄생되기까지 교수회관으로 가는 길고 가파른 계단을 오르내리며 봄에는 새들의 노래로, 여름에는 온몸으로 노래하며 격려해 주는 매미의 합창소리로 위안을 삼았다. 그리고 가을에는 형형색색으로 물든 단풍의 춤사위를 보고, 또 겨울에는 추위에 떨고 있는 앙상한 나뭇가지들을 보며 인내했다. 그렇게 태어난 작품 중에 〈편견의 가시〉와 〈옥황상제의 주례〉가 선생님의 추천을 받아 2000년 1,2월호 통권 102호 〈한국수필〉로 등단을 하여 그해 12월 신인상을 받았다. 지금 생각하면 참으로 긴 여정이었지만 얼마나 가슴이 벅찼었던가. 글을 써본 것이라곤 직장생활할 때 사보에 몇 번 투고한 것이 전부였었다.

그 후로도 선생님과의 인연은 계속되었다. 등단한 수필가들로 구성된 '수필연구반' 이 신설되어 깊이 있는 공부를 했다. 선생님의 개인 사정으로 '수필연구반' 수업이 폐강되기까지 일 년 반 동안 수필과 관련된 많은 작가들을 접하며 학문을 넓힐 수 있었다. 수업은 연구반 학생 개개인이 한 학기에 한 작품을 선택해 작가와 작품을 연구해서 발표하는 식이었다. 나는 세 학기동안 서거정의 『태평한화골계전』, 데이비드 소로우의 『월든-숲 속생활』, 라이너마리아 릴케의 『젊은 시인에게 보내는 편지』를 발표했다. 발표할 리포트를 위해 경희대학교 중앙도서관은 물론, 국립중앙도서관, 국회도서관, 서울대학교 도서관 등 얼마나 많은 도서관을 다니며 관련서적을 읽고 자료를 찾아보았던가. 대학원 수업이라 해도 손색이 없을 터였다. 학부생활을 그렇게 했으면 올 A+를 받지 않았을까. 그토록 열심히 공부하며 행복했던 선생님과의 시간들이 주마등처럼 지나간다.

연구반수업이 폐강된 뒤 지난 2009년 선생님께서 영면하실 때까지 우리는 수필문학회를 결성하여 선생님의 한국어원학회 사무실에서 한 달에 한 번씩 만나 공부를 했다. 물론 일 년에 한 번씩 동인지도 엮고, 그 수업은 지금도 지속되고 있다.

이제 얼마 있으면 선생님의 세 번째 추모일이다. 12년을 함께한 선생님을 생각하니 가슴이 먹먹해진다. 오늘따라 써지지 않는 글 때문에 선생님께서 아낌없이 부어주시던 마중물이 사무치게 그립다.

옹기장의 염원

지난 늦은 겨울 우연한 기회에 배요섭 옹기장을 북촌마을에서 뵙게 되었다. 서울시 무형문화재 제30호이신 옹기장은 팔순을 훨씬 넘긴 연세에도 강건하셨으며 편안하고 인자한 모습이었다. 아직은 바람 끝이 찬 겨울의 끝자락이지만, 서울시 무형문화재 교육원은 훈훈함이 감돌았다.

옹기장은 시연을 해주시면서 50년을 함께해 온 소나무 재질로 만든 옹기틀에 대한 깊은 애정을 보였다. 옹기 틀 주변에 있는 작은 소도구들 또한 옹기장과 더불어 50여 년을 함께 살아온 살붙이 같은 존재라고 했다.

당신 삶의 전부인 옹기에 대한 이야기가 나오자 말씀에 거침이 없었다. 우리 선조들이 사용해온 옹기의 뛰어난 과학적 기능이며, 선사시대부터 시작 된 우리 도자역사의 내력이며 많은 이야기를 들려

주었다. 그러다가 옹기에 녹아든 선대로부터의 인연을 들었을 때는 마음이 숙연해졌다.

조선시대 천주교신자로 박해를 받았던 선대가 산으로 도피해 살면서 궁여지책으로 시작한 일이 옹기 만드는 일이었다. 선친은 일제 징용을 피해 떠돌이 생활을 하면서도 자연스레 가업이 되어버린 옹기 일을 전수 받게 되었고, 옹기장 역시 초등학교를 졸업하자 선친으로부터 옹기 일을 배웠다. 이곳저곳 점판을 떠돌며 익힌 기술로 드디어 점주가 되었고, 자신이 처음으로 옹기를 제작한 날 얼른 보고 싶은 마음에 잠을 이룰 수가 없었다. 더군다나 내일이면 옹기를 내다 팔 수 있다는 생각을 하니 무척이나 설레었다. 그러나 그날 밤 한국전쟁이 일어나 꿈은 산산조각이 나고 말았다. 결국 전쟁이 끝난 후에야 가마 속에 숨겨두었던 옹기를 꺼내 팔 수 있었다. 다행히 전쟁으로 모든 물자가 부족한 터라 옹기도 덩달아 호황을 누렸다.

옹기장은 전쟁이 끝나자 서울 중랑구 신내동에 자리를 잡았다. 해방이후 사라진 푸레도기 재현에 각고의 노력을 기울인 결과 성공하여 지난 2002년 서울시 무형문화재 제30호로 인정을 받았다. 서울시 무형문화재 교육원에서 활동하고 계시는 옹기장의 푸레도기에 대한 애착은 대단하다.

푸레는 "푸르스름하다"의 순 우리말이며, 푸레도기는 자연친화적인 용기로 옛 왕실에서 발효저장용으로 사용하던 한국 전통 옹기그

릇이다. 푸레도기의 특징은 번조방법에서 나타난다. 유약을 사용하지 않고 장시간 1300℃ 이상의 고온에서 생겨난 재를 자연스럽게 녹아내리게 한다. 이때 약간의 녹색 계열의 재유가 형성된 상태가 되면 천일염을 가마 안에 뿌려준다. 재유가 형성되면 그 위에 옹기장만의 방식인 연기를 쏘여 검게 만드는 기법으로 이는 고도의 기술과 경험을 필요로 한다.

옹기장에게는 아들이 몇 있지만 차남이 가업을 이었다. 차남은 국가지정 푸레도기 제작 전승기능자이고 그에게서 얻은 손녀 둘도 이 일에 동참해 서울시 무형문화재 제30호 이수자와 전수자가 되었다. 5대째 가업을 이은 셈이다. 유럽이나 가까운 일본에서는 흔한 일이라고 하지만 우리나라의 경우 몇 대째 가업을 이어간다는 것은 결코 쉬운 일이 아니다.

하지만 그것도 오래가지 못했다. 신내동이 개발되면서 옹기 가마터를 잃었다. 할 수 없이 남양주에 터전을 마련하고 맥을 이어가나 싶었는데, 그마저도 점점 사정이 어려워져 작년 12월을 끝으로 문을 닫았다. 차남은 지방으로 내려가 후학에 전념하고 손녀들은 유학길에 오르거나 다른 일을 찾았다.

요즈음 옹기장의 마음은 무겁기만 하다. 옹기를 빚어도 구울 데가 없어 쌓아놓아야 한다. 지난 달 옹기장과 함께 신내동에 있는 지하공방을 찾은 일이 있다. 그때 옹기장은 공방근처에 서서 불과 15년 전만해도 지금 시프트 아파트가 들어선 신내동 일대와 길 건너 신내 교회 주변까지 모두 옹기를 굽던 공장이었는데, 지금은 흔적도 없다며 당시를 회상했다. 신내동 일대 이 주변을 독짓는 마을이라는 '독점마을' 이라고 불렀다면서 역사가 80년은 족히 되었다고 했다. 지하공방에는 굽지 않은 미완의 작품들이 3면의 벽을 차지하고 있었다. 무려 4톤 트럭 한 대 분량에 이른다. 가마가 없어 굽지 못하고 있는데, 습한 곳에 오래 두면 모양이 변형되기 때문에 여간 큰 걱정이 아니라며 안타까워 했다. .

옹기장은 그보다 더 시급하게 와 닿는 걱정거리가 있다고 했다. "내가 서울시에서 없어지는 게 안타까워!" 여건이 주어지지 않아 가업을 물려주지도, 제자를 길러내지도 못하신 것에 대한 회안의 그림자가 짐짓 두렵게 느껴진 것은 아닐까. 시간이 얼마 남지 않았다고 생각하시는지 옹기장의 말씀에는 힘이 없었다.

옹기는 지방마다 만드는 기법도 다르고 그 모양새와 쓰임새도 개성이 있다고 한다. 강원지방은 춥고 산이 많아 옹기가 길고 주둥이가 좁으며, 경상도는 어깨에 메는 형이 주를 이룬다고 했다. 또 전라도는 햇볕이 좋아 낮으면서 주둥이가 넓고, 서울 옹기는 집이 밀집되어 있어 주둥이가 높다고 한다. 그래서 체험학습장이라도 하나 만들어 우리 중랑구에 무슨 문화가 있었는지, 서울에서 만들어지는 푸레도기는 어떤 것인지 후손들에게 남겨주고 싶은 것이다.

사실 옹기장은 이 일을 실현키 위해 서울시와 관할 구에 옹기 터 지원을 신청했지만 번번이 거절당했다. 가마에 필요한 터는 200여 평에 불과하지만 쉽게 이루어지지 않고 있다.

한 번은 서울시 녹지보존과에 모 처를 가마터로 지원 요청했는데, 주민을 위한 편의시설 테니스장을 짓겠다는 답신을 받았다고 한다. 물론 편의시설도 중요하다. 서울시나 관할 구의 입장에서는 나무를 때면 연기가 나서 민원이 발생하고 산불의 위험도 있다고 하여 꺼리지만 방법은 얼마든지 있을 것이다. 우리의 전통과 장인정신이 시와 관할 구로부터 관심조차 받지 못하고 그대로 땅에 묻혀져야 한다니 안타깝기 그지 없다.

외국의 새로운 것은 쉽게 받아들이면서 정작 우리 것은 뒷전으로 생각하는 경향이 있다. 옹기장은 남양주로 일터를 옮기면서 모든 자료를 모 대학에 기증했다고 한다. 다른 나라에서는 없는 문화재도 만들어 보존하겠다고 하는 판인데, 우리는 현존하는 문화재도 관심 밖이다. 가까이는 성동구의 경우 소목장(장롱을 만드는 장인)을 지원하고 있고, 영덕은 군에서 옹기장 무형문화재 전수교육관을 지어 개관했다. 그리고 일본은 미국의 워싱턴이나 뉴욕에 아라가마를 지원하는 시설이 되어 있다고 한다.

중랑구청 바로 뒤편에는 봉수대공원이 있다. 이 공원 입구 오른쪽에는 이곳이 옹기를 생산하던 곳이었다는 것을 타일로 벽화를 만들어 알리고 있다. 그리고 앞에는 넓은 공간이 덩그러니 있다. 오랫동안 보아온 바에 의하면 그다지 이용객이 많은 편은 아니다. 내 짧은 소견으로 볼 때 오히려 이곳을 옹기를 만드는 체험학습장으로 만들어 무형문화재인 푸레도기의 전통을 확립하고, 일반인들에게 쉽게 체험할 수 있는 교육장으로 활용했다면 우리 구의 전통문화를 살리면서 관광의 효과를 보았을 것이라는 아쉬움이 있다.

오래 전 옹기장은 미국을 방문해 그들에게 우리의 옹기문화를 알렸다. 그들이 보는 앞에서 옹기를 제작하는 과정을 시연해 보였고, 미국인들은 찬사를 아끼지 않았다. 그들은 외국의 경우 다양한 모양과 색상을 중요시하는 반면 한국은 획일적인 것을 중요시하는 데도 불구하고 거기에는 묘한 매력이 있다고 했다.

옹기장이 일본에 초청을 받아 옹기를 굽기 위해 갔을 때다. 옹기장은 우리의 전통 옹기를 만들어 선보이고자 했는데, 일본에서는 우리의 옹기 굽는 기법을 이용해 미스마를 만들려고 했다는 것이다. 자신의 의도와 다른 그들의 생각에 화가 난 옹기장은 바로 귀국했다고 한다. 미스마는 일본의 막그릇을 말하는데 우리의 고급기법을 그렇게 사용하려 했다는 것에 마음이 크게 상했던 것이다.

우리 고유의 옹기는 전통을 살리면서 새롭게 만들면 부가가치 창출이 높은 편이라고 한다. 이 시점에서 그 옛날 일본은 왜 우리가 만들어 놓은 도자기 대신 기술자를 데려갔는지에 대해 한 번쯤 생각해

볼 일이다.

아직도 옹기장의 마음속 가마에는 꺼지지 않은 염원의 불씨가 남아있다. 옹기 빚는 일이 아무리 가업으로 물려받은 기술이라고는 해도 그것은 몇 백 년을 이어온 우리 모두의 유산이다. 가마 속 불씨가 완전히 사그라지기 전에 우리 전통문화 옹기에 대해 이해심 많은 누군가 온고지신(溫故知新)의 의미를 살려 용기 있는 결단을 내려줄 것을 기대해 본다.

봉화산의 미소

오후 두 시쯤 아파트 옆에 있는 봉화산을 한 바퀴 돌았다. 오전에 내린 가랑비에 옷을 적신 산은 풋풋한 살 냄새를 풍기며 온몸으로 반겼다. 비온 뒤의 산을 오르는 상쾌함이 폐까지 전이되는 느낌이었다.

공자는 일찍이 인자요산(仁者樂山)이라 하여 어진 사람은 산을 좋아한다 했다. 나는 바로 옆에 산이 있어도 늘 입구에서만 서성거렸을 뿐 깊은 산에는 들지를 못했다. 그러니 인자한 사람은 못되고 그저 흉내라도 내볼까 해서 다녀왔다.

봉화산은 평지에 돌출된 독립 구릉으로 서울 중랑구의 상봉동·신내동·묵동·중화동을 한꺼번에 아우르고 있으며, 봉우재라고도 불린다. 마름모꼴과 흡사한 이 산은 날씨가 맑을 경우 높이 160m정도의 산 정상에서 북으로는 불암산·도봉산·양주 일대까지 볼 수 있으며, 남산과 한강 이남지역도 조망할 수 있다고 한다.

산 입구에 있는 봉수대 공원을 가로질러 울창한 숲 속으로 들어갔다. 정상을 향한 길은 깔끔하게 정리되어 있어 발걸음을 가볍게 했다. 한참을 앞만 보고 열심히 오르다보니 아무리 낮은 구릉이라지만 힘에 겨웠다. 쉬려던 차에 마침 산허리를 휘돌아 나있는 둘레길이 눈에 띄어 그 길로 접어들었다.

정상을 향해 꾸역꾸역 오르기만 할 때는 느끼지 못했던 풍경들이 조금씩 모습을 드러냈다. 소나무며 잣나무 · 벚나무 · 아카시나무는 물론, 줄기의 골속이 국수 같다하여 국수나무 · 팥 같은 열매가 배처럼 열린다 하여 팥배나무 등이 아장걸음으로 다가와 아는 체를 했다. 짐짓 나를 기다리기라도 한 듯 쪼르륵 달려오는 청설모에게 딴에는 인사를 한다는 것이 그만 녀석을 혼비백산하게 만들었다. 오던 길을 되돌아 날듯이 뛰어가는 녀석의 뒤를 내 웃음이 살며시 따라갔다.

수많은 나무계단과 발맞춤을 하며 산의 정상에 오르니 봉수대가 눈에 띄었다. 이 터에 봉수대가 있었던 것으로 추정 1994년 그 모형을 만들어 놓은 것이었다. 조선시대 주요 경보시설의 하나로 쓰임을 받았던 봉화산의 봉수대는 임진왜란 이후 그 역할을 마치고 군사시설에서 밀려난 줄로만 알았다. 그런데 그 후 제 구실을 못하고 시름시름 앓다가 고종 때 폐지되고 마는 또 다른 상흔을 안고 있었다니

작은 몸집에 감당하기 힘든 짐을 쥐어준 듯 마음이 짠해졌다.

봉수대가 있는 이곳에서 아침이면 부지런한 사람들이 운동을 하며 하루를 연다. 어쩌면 운동을 하는 주민들은 숱한 날의 애환을 끌어안고 묵묵히 지켜온 봉화산의 강인한 정기를 받고 있는 지도 모른다. 이렇게 낮은 산이 있어 아침마다 정상에서 운동을 한 후 하루를 시작한다는 것은 우리 중랑 구민들의 큰 복이 아닐까 싶다.

또 정상에는 주민들의 화합과 안녕을 기원하는 도당굿과 산신제를 지내기 위해 세워진 산신각이 있다. 굿당 안을 들어가자 신위가 모셔져 있는 제단에 촛불이 켜져 있었는데, 마침 정갈하게 차려입은 여자 한 분이 무슨 간절한 소망을 기원하러 왔는지 과일을 깎아 상을 차리고 있었다.

산신각의 설립년도는 약 400여 년 전으로 추측하고 있지만, 개축을 하고 화재로 소실된 아픔을 간직한 채 새 건물이 들어섰다. 봉화산 도당굿은 중랑문화원의 봉화산 도당제 보존위원회를 중심으로 매년 삼월 삼짇날에 개최된다고 한다.

추운 날씨에도 불구하고 봉화산 도당제 보존위원회가 있는 비봉각(飛峯閣) 앞 휴게소에는 장기도 두고 커피를 마시며 시간을 보내는 어르신들의 모습이 보였다. 이는 낮고 평탄한 봉화산이 내 집 안방마루 같은 친근감으로 다가와 두 팔 벌려 아늑하게 품어주는 또 하나의 배려로 볼 수 있는 풍경일 것이다.

이처럼 봉화산은 주민들에게 많은 것을 배려하고 있었다. 그 중에서도 아름답게 조성된 근린공원 두 곳과 아홉 개의 산책로는 네 개 동에서 찾아오는 주민들의 편안한 휴식처가 되고 있었다. 처처에 운동기구가 설치되어 있고, 휴게광장 · 자연관찰로 · 야외무대 등 다양한 편의시설들도 잘 갖추어져 구민들이 활용하기 편리하게 되어 있었다.

그러나 주민들의 편리함 뒤에는 봉화산만의 아픔도 있었다. 봉수대공원이 조성되면서 인공폭포를 만드느라 산언저리에 있던 배 밭이 뚝 잘려나갔다. 이로 인해 4월이면 영롱한 백색의 옷을 입고 사람의 마음을 유혹하던 배꽃을 볼 수 없게 된 것은 지금도 큰 아픔이요, 아쉬움이다. 개발이란 이름 하에 많이 사라졌지만 이 산 기슭에는 아직도 몇 군데의 먹골배 밭이 그 명맥을 유지하고 있었다.

또 산을 내려오는 도중 군사시설 보호구역이라는 팻말을 볼 수 있었으며, 방공호나 굴 같은 것들도 간혹 눈에 띄었다. 전혀 예상하지 못했던 시설물이었지만 나라를 지킨 흔적들이 깊은 상처를 안은 채 곤히 잠들어 있었다.

하산하는 발걸음은 무거웠다. 시국이 어수선 할 때마다 불길을 올려 민초들에게 위급을 알렸던 봉화산은 몇 백 년을 묵묵히 견디며 오늘에 이르러서도 상황은 같다는 생각에서였다. 그 산에 깃들어 어진 사람 흉내라도 내 보려는 나 같은 사람들에게 이제는 속살까지

내어주며 조건 없는 사랑을 주고 있으니 말이다. 혹 산을 오를 때 느꼈던 그 상쾌함은 빗물에 씻겨 함께 흐르던 산의 신음소리는 아니었을까.

하지만 요즈음 많은 사람들이 봉화산에 관심을 가지고 있다고 하니 다행한 일이다. 쓰레기를 줍고 무분별하게 나 있던 등산로를 정비하며, 금주 · 금연을 권장하여 청정공원이 될 수 있도록 애를 쓰고 있다는 것이다.

산을 오르내리면서 "정해진 길은 사람의 길, 샛길은 동물의 길"이란 안내의 글을 심심찮게 보았는데, 봉화산을 아끼는 노력의 한 예라 하겠다. 이 글귀는 깨끗하고 질서 있는 공원을 위한 것이기도 하거니와 위험으로부터 사람과 야생동식물들을 보호하자는 차원에서 안내되었을 것이다. 무엇보다 사람들의 샛길 침범은 야생동식물들의 서식지 영역을 줄어들게 하는 원인이 될 수 있다고 하니, 자연의 질서를 거스르지 않기 위해서라도 분명 지켜야 하지 않을까 싶다.

푸근하고 낮은 산이 곁에 있다는 것은 우리 중랑구만의 복이다. 그리고 봉화산을 사랑하는 사람들이 많아졌으니 머지않아 봉화산은 웃게 될 것이다. 숱한 세월동안 시국이 어수선할 때마다 사람들을 지켜주고, 속살까지 내어주며 사랑해준 것처럼 이제 봉화산의 미소를 지키는 것은 우리들의 몫인 것이다.

복 많은 숙선옹주

봉화산의 끝자락 묵1동 산 37-1번지에는 숙선옹주 선빈 안씨의 묘역이 있다. 숙선옹주는 검교관 한성부사 안의의 딸로 조선 3대 임금 태종의 후궁이다. 1남 3녀를 낳았으며, 세종 3년에 숙선옹주에 봉해졌고, 세조 때 훙서(薨逝)한 후 선빈에 추증되었다고 한다.

몇 년 전 우연히 숙선옹주의 존재를 알게 되어 이곳을 찾은 적이 있다. 원묵고등학교를 좌로 돌아 언덕을 넘으면 도로 옆 작은 사거리 모퉁이에 묘가 있다. 묘역은 왕을 모셨던 후궁이라는 말이 무색할 정도로 규모도 작고 소박한 모습으로 여느 사람의 것과 다를 게 없다. 다만 지금까지 다른 옹주들의 묘에서 볼 수 있었던 흔히들 장명등이라 말하는 석등과 두 개의 문인석, 그리고 현무암을 연상케 하는 묘비만이 500여 년 동안 한결같이 묘를 지키고 있었던 것이다. 이 석물들은 굳이 세월의 흔적을 찾으려 애쓰지 않아도 유구함이 느껴진다. 묘의 왼쪽에 있는 키 작은 자그마한 본래의 묘비는 무슨 글자가 쓰여 있는지 도무지 읽을 수가 없으며, 자료에 의하면 석등은 조선 초기의 전형적인 형태를 보여준다고 한다.

이곳은 아파트가 들어서고 주택가가 있는 곳이긴 하지만 한산하기만 하다. 아마 오래 전에는 인적이 드문 깊은 산 속이었을 것이다. 그러다가 주변이 개발되면서 숙선옹주는 다시 태어난 것이다.

묘역은 근간에 새 단장을 한 듯 깔끔하게 정돈 된 모습이다. 대리석 계단을 오르자 아담하면서 단아한 모습을 하고 있다. 새로 세워진 오른쪽의 묘비에는 "태종공정대왕빈 숙선옹주안씨지묘(淑善翁主安氏之墓)"라고 또렷하게 쓰여 있다. 그리고 예전에는 볼 수 없었던 둘레석을 하고, 망주석이 생겼으며, 표지석에 장명등도 더해졌다.

옹주는 왜 이곳에 홀로 묻혀 있을까. 옹주에 대한 자료는 많지 않은 것 같다. 누구의 여식으로 후궁이 되어 자녀를 몇 명 나았으며, 조선 중기의 문신이자 우의정과 영의정을 지낸 이원익이 후손이라는 정도와 몇 가지의 일화뿐이다.

『조선왕조실록』에 의하면 숙선옹주는 직선적인 성품이며 바른 말을 잘하는 사람으로 비쳐진다. 자신과 같은 신분이었던 신빈 신씨의 사위 영평군 윤계동과 집터를 가지고 다툰 일이 있으며, 딸 경신옹주가 자신이 병환 중에 있을 때 돌보지 않았다는 이유로 불효를 들어 녹봉을 거둔 일이 있다. 이 일은 왠지 요즈음 언론에 심심치 않게 오르내리는 부유층들의 재산싸움과 다를 바 없이 여겨져 씁쓸한 생각마저 든다.

조선조 후궁들의 삶은 왕이 승하하게 되면 거처를 받아 퇴궐하여 살거나 불교에 귀의했다고 한다. 무소불휘의 권력을 가진 왕은 왕비 이외에도 많은 후궁을 거느렸다. 특히 조선조 왕들의 경우가 후궁을 많이 거느렸다는 생각이 드는데, 예나 지금이나 정부인이 아니면 내면으로 행복한 삶을 살다 가기란 쉽지 않은 것이다. 왕의 여자로 살거나 왕의 어머니로 살거나 마음의 짐을 지고 살아가기는 마찬가지였을 것이다.

근자에 드라마에서 회자되고 있는 영조임금의 어머니 숙빈 최씨를 보더라도 얼마나 힘겨운 살얼음판에서 살고 있는지 알 수 있을 것이다. 숙빈 최씨는 인현왕후와 장희빈의 힘겨루기 사이에서 현명하게 처세하며 영조를 길러냈다. 연산군을 낳은 폐비 윤씨, 광해군을 낳은 공빈 김씨, 경종을 낳은 희빈 장씨 등 왕의 어머니로 살다간 후궁들도 하나같이 힘겨웠다는 것을 역사는 말하고 있다. 어쩌면 숙선옹주는 왕의 어머니는 아니지만 왕의 여자로서 평온한 삶을 살다가 태종 사후 퇴궐하여 산야에 묻혔는지도 모를 일이다.

혹자는 무덤이 초라한 것을 보고 당시 그녀의 삶이 평탄하지 못했고, 후손들이 힘이 없었기 때문이라고 말하기도 한다. 주변에 숙선옹주 선빈 안씨의 묘역임을 알리는 푯말 하나가 없는 것을 보면 더욱 그러할 것이다. 하지만 비록 옛 삶이 인고의 세월이었다 할지라도 후손들의 눈에 띄어 보살핌을 받고 있으니 분명 지금의 그녀는 복이 많은 여인이 아닌가 싶다.

홍콩, 대만을 다녀와서

홍콩 방문 이틀째다. 추적추적 비가 내리는 이른 아침에 광주무등시장 탐방단과 팀원이 된 우리는 홍콩 중심지에서 멀리 떨어진 란타우 섬 북서쪽에 위치한 타이오어촌마을에 도착했다.

시장 안으로 들어서자 생기가 돌며 사람들의 얼굴은 평온해 보인다. 자료에 의하면 이곳은 외지인뿐 아니라 홍콩 현지인들도 많이 찾는 곳이라더니 다양한 국적의 사람들로 북적인다. 상품의 종류가 다양하진 않지만 그들만이 가지고 있는 특산품이 발길을 멈추게 한다. 우리나라의 미역국처럼 산모들이 즐겨먹는다는 노랗게 잘 건조된 부레, 벌레로 인한 피해를 줄이고 신선함을 유지하기 위해 눈을 가리고 말린 생선 등이 신기하다. 빨간 플라스틱 바구니마다에 가지런히 담겨있는 새우, 조개 등 건어물들이 질서를 지키고, 땅바닥에 주저앉아 야채를 팔고 있는 노인의 주름진 모습이 정겹다.

시장을 통해 들어선 마을 입구 〈大澳委員會歷史文化室〉이라는 작은 건물 안에는 이 마을의 역사가 숨 쉬고 있다. 전통적인 의상과 그들 삶의 중추적인 역할을 했던 어업에 관련된 옛 물건들이 소장되어 지금의 우리와 소통하고 있다. 마을 골목골목이 미로 같다. 이 작은 미로 속에는 마을사람들의 기도를 들어주는 사당이 있고, 금방이라도 물 속에 잠길 것 같은 잿빛 나무가옥에는 고금(古今)이 공존하는 낭만카페가 있다. 그리고 마을 한켠에는 비록 하나뿐이지만 장애인과 노약자를 위한 휠체어도 있으며, 사실 보았다는 사람은 많지 않아도 핑크돌고래를 볼 수도 있다. 얼키설키 복잡해 보이는 수상가옥들은 불안정해 보이지만 사방으로 탁 트인 자유분방함이 거칠 게 없어 시원하다. 이러한 모습들이 원주민들에게는 마을을 사랑하고 천년의 역사를 유지해가는 행복한 이유가 아닐까.

일행은 타이오어촌마을에 아쉬움을 묻어둔 채 버스에 올랐다. 해가 지고 어스레할 즈음 시내로 들어와 저녁을 먹은 뒤 홍콩을 여행하는 사람들이라면 누구든 한 번쯤 가본다는 '레이디스마켓' 을 탐방하기로 했다.

레이디스마켓은 구룡반도 침사추이역을 중심으로 형성된 야시장으로 의류, 신발, 가방, 액세서리, 시계 등 셀 수 없이 다양한 물건들을 갖추고 있다. 또한 마켓 뒤편으로는 먹을거리가 즐비해 레이디스마켓을 찾은 사람들에게는 또 다른 즐거움을 선사한다. 시장형성 당시 여성을 위한 상품만 취급했던 것으로부터 유래하여 '女人街'라고도 불린다. 이 시장은 정부의 거리환경정리 사업으로 사라질 위기에 처했을 때 전통시장을 지지한 지역주민들의 도움으로 현재에 이르고 있다.

각자 미션을 수행하듯 안내자 없이 시장 안에 흩어졌다. 거리에 옮겨놓은 우리 한국의 남대문시장 같다. 입구부터 탄성이 나왔다. 깔끔하게 정리정돈이 잘 되어 있을 거라는 레이디스마켓이 주는 이미지를 찾아볼 수 없어 놀라고, 천막으로 만들어진 설치노점들이 고층아파트와 빌딩들 사이에 공존한다는 데에 놀랐으며, 발 디딜 틈도 없이 시장 안을 꽉 메운 사람들 때문에 또 놀랐다. 인구밀도에서 타의 추종을 불허한다는 중국임을 다시 한 번 실감했다.

우물 정자(井)를 연상케 하는 시장 안 천장에는 가로세로로 엉겨 있는 나무막대기에 얇은 천막천이 어설프게 걸쳐져 있다. 양 옆으로 늘어서 있는 서너 평 정도의 가게들은 각각 천막으로 분리가 되어 있고, 높이가 사람의 키 세배는 족히 되어 보이며 무려 천여 개에 이른다고 한다. 세기의 미스터리라고 하는 중국 전통의 변검에서 보았던 가면, 형형색색의 아름다운 보석과 시계들, 의류, 가방, 신발 등이 복잡하면서도 질서를 보이며 어서 오라고 손짓을 한다.

한참을 이곳저곳 기웃거리다가 인조보석이 박힌 화려한 플라스틱 머리핀 하나를 집어 들었다. 꼭 필요해서가 아니라 그냥 물건을 사보고 싶은 마음에서다. "만오천 원" 이라고 한국말을 똑 떨어지게 하면서 사십대로 보이는 점원이 다가온다. 많은 사람들이 입을 모아 물건 값이 저렴한 시장이라고 말하지만 상품의 질을 볼 때 싸다는 생각이 들지 않는다. 간단하게 "디스카운트" 라는 단어를 활용했을 뿐인데, 금방 오천 원을 깎아준다. 어쩌면 홍콩을 쇼핑의 천국이라고 하는 데에는 저렴하고 다양한 상품들이 많아서이기도 하겠지만 물건 값을 원하는 만큼 깎을 수 있다는 데에 있는 것은 아닐까 생각해 본다. 거금을 깎았다는 생각을 하며 몇 군데 더 눈요기를 하다가 문득 일행을 찾아보니 미아가 된 상태다. 산처럼 쌓인 레이디스마켓의 상품들과 홍수를 이룬 인파 속에서 겨우 빠져나왔다. 일행을 다시 만나니 새삼스레 반갑다.

홍콩에서 사일 째 되던 날 숙소인 로얄호텔을 떠나 대만 공항 내 식당에서 만두와 음료로 점심식사를 대신했다. 여러 가지 재료로 맛을 낸 만두가 나왔지만 어느 것 하나 입맛에 맞는 게 없어 제대로 먹지 못했다. 대부분 별 거부반응 없이 먹는 음식인데 유독 비위가 약한 탓에 해외여행을 할 때마다 식사로 인해 고생을 한다. 식사가 끝나자 한국어가 능숙한 대만인 가이드를 따라 버스에 올랐다.

북쪽에 위치한 타이페이 숙소로 가는 중이다. 대만은 올해로 창건 100주년을 맞아 거리 곳곳에 축하메시지를 담은 현수막이 걸려있다. 하지만 전반적인 분위기는 조용하다. 외곽으로 나가는 도로인

듯한데 좌측으로 자동차관련 상점들이 즐비하다. 그 상점들은 외관이 허름한데 비해 아우디, 렉서스, 포드 등 값비싼 외제차들이 진열되어 있다. 겉치레를 중요시 하지 않는 대만사람들의 국민성을 엿볼 수 있었다. 오후 2시경 호텔에 체크인 한 후 곧바로 세계 4대박물관 중 하나라는 75만여 점의 보물창고 대만 고궁박물관을 견학했다. 이 작은 섬나라에 회화, 문헌, 도자, 청동기 등 이처럼 많은 보물을 보유하기까지는 한 일화가 있다. 장개석은 1949년 국민당이 패하고 대만으로 향할 때 중국 본토에 있는 보물 90% 이상을 가지고 왔다. 그런데 상해에서 마지막 배가 대만을 향해 출발했을 때 공산당은 바로 눈앞에 보고 있으면서도 총을 쏘지 못했다. 그것은 절대 쏘지 말라는 모택동의 지시에 따른 것이었는데, 어디에 있든 그것은 중국을 대표하는 보물이라고 했다는 것이다. 개인의 이익보다 국익을 더 중요시했던 그 처사는 시사하는 바가 크다 하겠다.

박물관을 뒤로하고 총통관저를 지나 저녁식사를 위해 식당으로 향했다. 가이드는 작지만 큰 나라 대만에 대한 설명을 계속한다. 세계에서 유일하게 채무가 없는 나라, 몇 번째로 높은 빌딩, 몇 번째로 부자가 사는 나라 등 자랑거리가 많은 듯하다. 대만은 아시아 4대용 중 하나다. 1990년대 세계은행에서는 급성장했다 해서 한국, 대만, 홍콩, 싱가포르를 '동아시아의 기적' 이라 했다. 그런데 20년이 지난 지금 이 나라는 채무가 없는 알부자 나라가 되어 있다. 과연 '동아시아의 기적' 중 으뜸이라 할 만하다.

저녁 7시가 훌쩍 넘어서 용산사를 코앞에 두고 있다. 한 울타리에 불교와 도교가 함께 있다는 특이하면서도 웅장한 사찰이다. 안에 들어서자 중국인이 다 모인 것 같이 요소요소에 기도하는 사람들이 빼곡하고 향을 사른 연기가 자욱하다. 사찰을 떠받치고 있는 거대한 기둥들은 형언할 수 없는 조각품이다. 불로장생의 대표적인 동식물들과 더불어 희귀한 모습의 조각품들이 기둥과 대문 곳곳에서 섬세함을 자랑한다. 천장에도 벽에도 처처에서 조각품은 숨을 쉬며 관광객들을 맞고 있다. 고즈넉한 우리의 사찰과는 사뭇 다른 모습이다. 한 시간여의 관람을 끝내고 쟁쟁한 기도소리를 뒤로 한 채 사찰을 나와 화시지에 야시장으로 향했다.

화시지에 야시장은 용산사에서 도보로 5분 거리에 있다. 관광지를 업고 형성된 이 야시장은 용산사를 찾는 신도들만큼이나 국내외의 많은 사람들이 찾는 곳이다. 길게 늘어선 노점을 지나 화시지에 야시장 입구에 섰다. 홍등을 단 중국 전통건축양식의 시장 출입구는 밤의 불빛을 받아 더욱 화려해져 고객들의 마음을 매료시킨다. 하지만 일행이 들어간 시각이 오후 8시 30분경인데 소문이 무색하리만큼 고객은 별로 없다. 아케이드 밑에는 청사초롱과 흡사한 자줏빛 사각 등이 입구부터 시장 끝까지 일정한 거리를 두고 걸려있다. 그 때문인지 질서와 단정함이 느껴진다.

시장 안은 중앙노점이 없어 고객이 다니기에 편리하다. 우리네 정서와 다른 먹을거리와 볼거리인 뱀과 자라 등 보양식을 파는 곳이 많고, 성인용품을 매대 위에 드러내놓고 판매하는 모습들이 낯설지만 흥미롭다. 이런 문화가 자연스러워지려면 꽤 많은 시간이 필요할 것 같다.

시장마다의 특산품은 그 시장을 이끌어가는 데 있어 매우 중요한 역할을 한다. 그런 면에 있어 화시지에 시장은 뱀과 자라를 이용한 보양식과 약재라는 특산품이 있고, 많은 먹을거리는 물론, 성인용품까지도 쉽게 구할 수 있는 다양성을 가지고 있어 국내외 많은 고객들을 확보하고 있는 것이라 여겨진다. 그러나 고객을 대하는 상인들의 상냥하고 친절한 모습을 기대하기란 쉽지 않았다. 의류가게에 마음에 드는 디자인이 있어 관심을 갖고 고개를 내밀었지만 점포주는 멀리 서서 멀뚱멀뚱 바라만 보았다.

대만에서 하룻밤을 보냈다. 매일매일 빡빡한 일정을 소화해내고 있다. 홍콩에서부터 계속 기름진 음식이 맞지 않더니 어젯밤 급기야 배탈이 났다. 아침을 굶을까하다가 시리얼과 야채, 과일로 간단한 식사를 했다. 그나마 입에 맞아 다행이다.

아홉시가 조금 넘어 남문시장에 도착했다. 건물형 시장으로 타이페이 시 도심에 있으며, 90년 전통의 역사를 지닌 소매시장이었으나 건물 현대화를 통해 가공식품을 주로 다루는 전문시장이 되었다. 건물 내에 구청과 시장관리처가 함께 있다. 시장지원과의 시장관리 감시관과 남문시장 상인회장으로부터 타이페이 시의 모든 시장관리조직에 대한 브리핑을 들었다.

일반적인 전통시장이라기보다 우리의 마트와 같은 개념으로 생각하면 좋을 듯하다. 1층 식품매장은 넓고 청결하며 분위기가 컬러풀하다. 상품들이 풍성하고 컬러마케팅을 활용해 시각과 후각을 자극한다. 허리 높이로 진열된 상품들은 고르기에 편리성을 제공하고 있으며, 점원들의 단정하고 환한 복장은 통일성과 위생의 신뢰를 제고하는 데에 큰 몫을 하고 있다. 이곳에서 무엇보다 눈에 띄는 것은 한켠에 자리한 생선가게의 청결함이다. 우리 전통시장은 대부분의 생선가게들이 물이 바닥으로 흘러 질척거리기 때문에 청결유지가 제대로 되지 않고 있다. 그런데 이곳은 물이 안으로 흐르도록 만들어 놓아 신선하고 청결한 가게를 유지하고 있었다. 이는 조금만 신경 쓰면 얼마든지 가능한 일이다.

울라이 고산족 마을 전통공연까지 감상한 우리 일행은 쓰린 야시장으로 나침반을 돌렸다. 지하철 딴수웨이선 지엔탄 역 근처에 있는 쓰린 야시장은 대만 최대 야시장으로 두 부분으로 나뉜다. 넓은 광장이 있는 쪽은 임시시장으로 주로 먹을거리를 취급하고, 다른 한 쪽은 지엔탄 역에서 조금 떨어진 곳에 위치하고 있다. 원래의 쓰린 야시장은 100년의 전통을 자랑하는 하나의 유적이다. 지금은 재건

축 중으로 올해 말 입점할 예정이다. 옛것을 허투루 생각하지 않는 대만의 국민성을 한 번쯤 생각해볼 일이다.

임시시장 주변에는 4개의 대학교가 밀집되어 있다. 그래서 이곳의 음식들은 젊은 층이 좋아하는 음식을 많이 팔고 있다. 학생들은 식사와 더불어 가끔은 술도 한 잔씩 하지만 결코 취하게 마시지는 않는다고 한다. 홍청거리는 먹을거리 장소가 아닌 건전한 만남의 장소라는 생각이 든다. 안에 들어서니 음식을 판매하는 곳이 빼곡하다. 가이드의 도움으로 닭갈비도 먹어보고, 튀김도 먹어보았다. 진수성찬이 따로 없다. 정말 상상을 초월할 만큼 다양한 음식들이 나라비 서 있어 외식문화가 발달한 나라임을 보여준다.

해외시장 탐방 6일차이자 대만에서의 삼일 째가 되는 날이다. 지우펀 방문과 야류해안공원을 견학하는 오전 일정을 마치고 디화지에 시장에 입성했다. 주로 약재와 고급식재료를 판매하는 이곳은 100년의 역사를 고스란히 간직한 건물들이 많다. 곳곳에 리모델링한 건물들이 눈에 띄지만 오래된 건물과 겉모습은 크게 다르지 않다. 예스러움을 살린 채 리모델링을 한 듯하다.

상점마다 제비집, 상어지느러미, 말린 해삼 등 각가지 고급 식재료가 쌓여있다. 아주 오래된 소나무에서 소량을 채취한 것이라는 어떤 약재는 600그람에 한국 돈 8천만 원이나 되지만 그래도 사는 사람이 많다는 것이다. 어느 상점을 지나다 발길이 절로 멈추었다. 사무실도 허름하지만 그 안에 놓여있는 나무책상과 의자는 가보가 될 만하다. 적어도 50년은 되어 보인다. 하지만 바로 옆 주차장에 서 있는 차는 외제 세단이었다. 검소와 호화가 공존하고 있는 묘한 모습이었다.

대만에서의 모든 일정을 마쳤다. 해외시장 탐방이라는 과제를 안고 온 탓인지 편안한 여행은 아니었다. 정작 시장을 탐방할 때는 가이드가 없이 자유시간을 가졌기 때문에 의사소통의 어려움으로 눈요기만 했다는 것에 작은 아쉬움이 있다.

내게 있어 홍콩과 대만은 화려한 듯 검소하고 질서가 느껴지는 편안한 나라다. 두 곳 모두 야시장이 발달되어 있고, 다양한 상품과 먹을거리를 접목시켜 내국인뿐 아니라 관광객을 불러들이고 있다. 여기에는 그들 시장만의 특화된 상품과 이미지가 있기 때문이 아닐까 한다. 대부분의 시장 상인들의 모습은 활기에 차 있었다. “백화점이나 대형마트에 가는 손님이 있는가 하면 전통시장을 찾는 고객도 있기 때문에 전통시장은 쉽게 없어지지 않는다”는 어느 상인의 말과 “시장을 위하는 일이라면 내 개인적인 일은 조금 손해를 보더라도 양보해야지요”라는 대만 남문시장의 상인회장의 말이 남다르게 느껴지면서 그들의 긍정적인 마인드를 엿볼 수 있었다.

우리의 전통시장도 홍콩이나 대만의 전통시장처럼 오랜 역사를 자랑하고 활성화되기 위해서는 분명 사장마다의 특화된 상품과 이미지를 개발하는 것이 무엇보다 시급하지 않을까 한다. 또한 상인들의 긍정적인 마인드와 홍콩의 레이디스마켓처럼 지역민들의 지지를 얻을 수 있는 노력도 필요하고, 디화지에 시장의 특화된 이미지와 장인정신으로 이어지는 100년 상점들의 노하우도 한 번 쯤 들여다보면 어떨까.

가난한 마음 부자 만들기
-나의 수필작법

내가 처음 글을 쓴 것은 사회 초년병이 되어 직장생활을 할 때다. 사보에 실린 동료들의 아기자기한 이야기들을 보고 내심 부러워 나도 다른 사람과 공유할 수 있는 글을 써 보고 싶었다. 용기를 내어 시도한 글 두 편이 사보와 모 협회지에 실렸다. 그 당시 내용의 깊이 같은 것은 안중에도 없고, 그저 활자화된 글과 원고료 받은 것이 신기하기만 해서 마음은 구름 위에 떠 있었다. 하지만 그 후 한 번 더 사보에 글을 내고는 오래도록 글을 쓰지 않았다. 글을 쓴다는 것이 얼마나 어려운 일인지 실감했기 때문이다.

그러다가 불혹지년(不惑之年)의 나이를 맞게 되었다. 그때 가게를 운영했는데, 잘 되다보니 주변사람들의 시기와 질투로 마음 고생이 심했다. 아무런 잘못이 없어도 여러 사람의 소리는 쇠도 녹인다고, 그로인해 되는 일은 하나 없고 하는 일마다 어긋났다. 건강까지 나

빠질 지경이니 무엇인가 변화가 필요했다.

문득 내 삶 속 텃밭 한 켠이 늘 비어 있다는 생각이 들었다. 많은 세월을 풀지 못하는 수수께끼처럼 '왜'라는 질문만 하며 살았으면서도, 중년이 되어서야 그 비어 있는 자리를 돌아보게 된 것이다. 그리고 수필이라는 문학을 묘목으로 심고 싶다는 생각을 했다. 문학의 다양한 장르 중에서 수필에 매력을 느끼게 된 것은 눈비음이 아닌 진실한 내 인생철학을 정립할 수 있는 계기가 될 것이라 여겨서이다.

우연히 대학교의 사회교육원 수필창작교실을 알게 되어 등록한 후 열심을 다했다. 고양이 뿔 깎는 소리처럼 말도 되지 않는 글 한 편을 교수님께 지도 받고자 교수회관의 계단을 오르고 내렸던 많은 계절 속에서 희망과 좌절, 그리고 용기와 인내를 배웠다. 수필을 쓰기 위해서는 먼저 수필적인 삶을 살아야 한다는 교수님의 가르침을 가슴에 새기며, 많이 보고 읽고 또 느끼며 깊이 있는 사람이 되도록 노력했다. 그러면서 누구나 읽으며 공감할 수 있도록 쉬운 어휘를 사용하려고 애썼다.

그러나 수필의 개념을 조금 알게 되면서부터 한 편의 글쓰기란 여간 어려운 것이 아니다. 시나 소설이 함축하거나 늘리며 상상의 나래를 펴는 작업으로써 어려운 것처럼, 수필도 내가 사유하는 것을 솔직하며 진실하게 묘사하고, 확실한 주제를 드러내어 독자가 공감하게 함으로써 마음을 움직여야 한다는 것이 쉬운 일이 아니다. 수필 또한 문학인만큼 작품의 문학성과 예술성, 그리고 개성이 매우 중요하기 때문이다.

내게 타고난 글재주는 없다. 지금 내가 수필을 쓸 수 있는 것은 책 읽기를 좋아한다는 것 하나를 믿고 순전히 습작의 노력을 거듭한 결과라고 하겠다. 그러니 글 쓰는 재주를 타고난 사람이 있는가 하면 나처럼 오로지 쓰고자 하는 열정으로 노력해서 글을 쓰는 사람도 있는 것이다.

수필은 기본적으로 자기성찰의 글이라 생각한다. 내가 바라는 수필은 손이 시린 계절에 양손에 안긴 커피 한 잔처럼 따스함이 배어나는 글이다. 내 글이 노래를 원하는 사람에게는 노래가 되고, 마음이 아픈 사람에게는 치유의 기쁨을 느끼게 하며, 옛날이 그리운 사람에게는 추억이 되고, 말벗이 필요한 사람에게는 친구가 되며, 즐겁고 행복한 사람에게는 유지의 배려를 줄 수 있었으면 좋겠다. 그리고 무엇보다도 선인들의 옥고(玉稿)처럼 시공을 초월하여 공감할 수 있는 글이기를 희망한다.

자연과 더불어 호흡하고 인간과 역사의 세계를 배우며 사물을 보는 시각과 사유의 폭을 넓히고자 애쓴다. 그것들을 조화롭게 표현하는 지적인 글을 탄생시키고 싶다. 이를 위해 많은 여행을 통한 체험과 다양한 책들을 접해 깊이 있는 생각을 하려고 노력하고 있다.

하지만 이러한 노력에도 불구하고 아이러니하게도 나의 수필작법은 특별한 게 없다. 글을 쓰는 사람이라면 누구나 그러하듯 가는 곳이 어디든 머리 속에는 늘 작품 의 대상을 잡는 더듬이가 움직인다. 소재를 얻었을 땐 바로 메모하는 것도 있지만 대개는 그날 밤에 제목과 간단한 내용을 컴퓨터에 저장해 놓는다. 그리고 그 내용과 어울릴만한 자료를 수집한다.

그런 후 글을 쓰고 고치기를 반복한다. 제목이 바뀌는 경우가 많고 되고 후에는 미흡함에 부끄러워 허전한 기분을 감출 수가 없다. 그러면서도 꼭 이름표를 먼저 달고 글을 쓰는 버릇은 고쳐지지 않는다. 때로는 깜냥이 되지못하면서 물덤벙술덤벙 글을 쓴다고 덤빈 것은 아닌지 소심해지기도 한다. 그럴 때면 그만둘까도 싶지만 반거들충이란 소리를 듣는 것이 싫어 생각을 고쳐먹고 더욱 정진하게 된다.

지금 내 텃밭에는 어린 묘목들이 자라고 있다. 나는 어린 묘목들이 잘 자랄 수 있도록 물도 주고 잡초도 뽑아주며, 기름진 텃밭을 만들고자 열심히 호미질을 하고 있다. 잘 가꾸어져 속내를 다 드러낸다 해도 그것이 갓난아이의 눈처럼 맑고 감동적인 아름다움으로 승화될 수 있는 글이 된다면, 가난한 내 마음은 부자가 될 것이다.

돋보기로 본 우림시장

서울특별시 중랑구 망우본동 463-44번지 일대에 형성된 우림시장을 알게 된 것은 그리 오래되지 않았다. 몇 년 전 이웃이 우림시장에서 샀다는 구운 김을 가져오면서이다. 그 후 식솔이 적은 나는 반찬을 주로 사먹는데 시간이 날 때마다 간간이 들르게 되었다.

한자어로 소 우(牛) 수풀 림(林)을 쓰는 우림시장은 조선시대 양주군, 여주, 이천 등에서 마장동 우시장으로 소를 팔러 오다가, 먼 거리를 걸어온 소에게 하룻밤 여물을 먹이고 쉬어가던 곳이라고 한다. 이처럼 역사적인 전통과 맥을 이어오면서 이야기가 살아 있는 이 시장은 사십여 년 전, 지역과 인근 상인들이 하나둘 모여들어 점포를 형성하면서 그 모습을 갖추게 되었다.

사실 전통시장은 우리네 생활 속에서 없어서는 안 될 중요한 역할을 해오고 있다. 에누리나 마수걸이, 덤 등 끈끈한 정을 느끼게 하는 말이 아무 거리낌 없이 오갈 수 있는 곳이고, 적어도 백화점이나 대형마트가 우리 동네에 속속 들어서기 전까지는 서민들의 보물단지이자 어릴 적 놀이터로 그 향수가 깃들어 있는 곳이다.

아스라한 내 기억에도 친정어머니를 따라 전통시장을 다녔던 게 남아 있다. 입에 풀칠하기도 힘들었던 시절이라 그냥 따라가서 구경만 해도 즐거웠고, 가끔은 갖고 싶은 것을 넌지시 말씀드려 얻어냈던 재미도 쏠쏠했다. 사람들은 내 집 안방 물건을 가져가듯 언제든 들러 필요한 것을 사갔고, 매일 매일 가져가도 그 다음 날 가보면 어머니의 화수분처럼 시장은 전 날과 같은 모습으로 채워져 있었다.

우림시장에는 사십 년 가까이 장사를 하면서 생계를 이어온 상인들이 많다. 그러다보니 천일야화가 따로 없다. 오며가며 인사한 덕으로 알게 된 팔각정 노점에 계시는 희수(喜壽)의 상인은 사십 년을 한결같이 새벽에 리어카를 이끌고 청량리까지 가서 야채를 떼어와서 장사를 했다고 한다. 그러나 점포 한 칸 변변히 얻을 형편이 못되어 노점에다 좌판을 벌려놓으면 저녁마다 경찰서로 끌려가는 일이 하나의 일과였다고 한다. 그동안 감내해야 할 그 고통은 이루 말 할 수 없었을 것이다. 지금은 친정어머니와 함께 야채를 팔고 있지만, 그때만 해도 야채장사를 하는 어머니가 부끄러워 반항도 많이 했다는 쉰이 넘은 딸은, 옆에서 그 이야기를 듣고 있더니 끝내 눈시울을 적셨다.

이러한 상인들이 어디 이뿐이겠는가. 워낙 영세한 점포들이 모여서 형성된 시장인지라 생존경쟁의 한 장에서 새벽부터 늦은 밤까지 잠을 줄여가며 물건을 팔아 자식들 서넛은 거뜬히 가르치고 먹이고 입혔을 것이다. 이 또한 보릿고개와 가난하던 시절을 꿋꿋이 헤쳐오면서 경제강국을 이룩해 낸 민초들의 강한 힘이 아니겠는가.

이곳은 자랑거리도 많다. 임대료 없이 장사하는 노점을 상인회 회원으로 받아들여 더불어 살고 있는 아름다운 모습이 있다. 우림시장 가족들의 이해와 배려인 것이다. 노점에서 시작하여 세 번이나 옮겨 다니며 열심을 다한 끝에 이제는 은행에서 VIP 대접을 받는다는 반찬가게도 있다. 그리고 깨끗한 생수와 튀김기름은 하루를 넘기지 않는다는 튀김집, 하루가 지난 야채는 삶아 팔지언정 다음 날로 넘기지 않는다는 야채가게도 있다. 또 방송을 타서 알음알음으로 단골고객을 많이 확보한 곱창, 순대국, 떡집, 두부, 축산 등 다양한 가게도 빼놓을 수 없는 자랑거리다. 하지만 세상에 거저 생긴 것은 없는 법, 이만한 자랑거리가 되기까지는 많은 시행착오로 겪은 가슴앓이가 한 몫을 단단히 했을 것이다.

그러나 무엇보다 우림시장에서 내로라 할 수 있는 것은 상인회의 단결력과 적극성일 것이다. 이러한 모습들이 바로 우림시장을 전국에 알리는 계기가 되지 않았나 싶다. 〈2010 문전성시 프로젝트(문화를 통한 전통시장 활성화 시범사업)〉 일을 하면서 알게 되었지만 상인회 임원들의 쓰러져 가는 우림시장 살리기 경험담을 들어보면 눈물이 서 말이다.

불혹지년(不惑之年)의 우림시장은 나름대로 탄탄대로를 걸어왔다. 적어도 십여 년 전 지척에 속속히 들어서는 대형마트라는 암초에 부딪쳐 갈팡질팡 혼란의 시간을 맛보기까지는 그랬다. 근거리에 대형마트들의 개점으로 힘없이 무너져 내리는 시장을 지켜봐야 했던 상인들은 큰 손해를 보면서까지 절반가량이 가게를 내놓는 사태가 벌어졌다. 그러나 속수무책으로 앉아서 당할 수만 없었던 상인회 임원들은 방법을 모색했다. 우리나라가 IMF 때 국민들이 솔선수범해서 금붙이를 내놓아 큰 도움이 되었듯이 상인들도 적게는 몇 만 원부터 많게는 몇 십만 원까지 가게에서 취급하는 품목들을 경품으로 내놓아 1억여 원어치가 모아졌다. 지성이면 감천이고 진인사대천명(盡人事待天命)이라고 했던가. 상인들의 간절한 마음이 통했는지 우림시장은 대형마트와 보이지 않는 경쟁에서 오히려 매출상승의 효과를 보았다고 한다.

아울러 2,000년도에는 뻥 뚫린 하늘을 막는 아케이드 공사를 했다. 장사가 잘 안 되던 당시로서는 상인들이 이 공사를 위해 큰 금액을 십시일반으로 갹출했다. 공사는 상인들의 영업시간을 배려한다고 밤에만 일을 해 임원들은 가게 운영하랴, 공사 체크하랴 허구한 날 밤을 새웠다. 결국 몸이 견뎌낼 재간이 없었던지 상인회장은 과로로 쓰러져 저승 문턱까지 갔다 왔다고 한다.

엎친 데 덮친다더니 아케이드 준공식을 며칠 남겨 놓은 어느 날 밤 시장에 물난리까지 나서 인사사고로 이어질 뻔했다. 순간 상인회장은 넋이 나간 사람처럼 땅에 털썩 주저앉고 말았다. 그때 타들어간 애간장은 숯검댕이가 되었다.

우림시장은 이렇게 오랜 세월 동안 생사의 갈림길에서 숱한 고난을 겪으면서도 서민들의 고된 삶의 버팀목이 되어준 덕에 이름깨나 알려진 시장이 되었다. 전국 최초로 〈재래시장 특별법〉을 바꾸는 계기를 마련하여 전통시장에 비가림막을 설치하는 등 다른 시장의 좋은 사례가 되었다. 또한 택배차량을 운행하고 있으며, 대형마트처럼 카트를 비치하고 있다.

사람의 나이 마흔이면 자신의 얼굴에 책임을 질 나이라고 한다. 우림시장은 올해 마흔 살이다. 상인회 임원들은 더 좋은 환경과 상품의 질을 높이기 위해 힘찬 발돋움을 하며 요즈음 〈2010 문전성시 프로젝트〉를 통해 변화를 꿈꾼다. 시장의 얼굴에 책임을 지기 위해 내 가게를 미처 돌볼 겨를 없이 오로지 우림시장과 상인들의 웃음을 위해 앞만 보고 달리고 있다. 우림시장이 시장 변화의 선구자 역할을 톡톡히 하고 있는 기상으로 전통시장의 장인이 되기를 기대해 본다.

황금소가 춤추는

-2010 우림시장 문전성시 프로젝트

서울 중랑구에 소재한 우림시장, 내가 일하고 있는 곳이다. 이곳에서 〈2010 우림시장 문전성시 프로젝트〉 사업에 참여하고 있다. 사람들은 문전성시가 무엇인지 의아해 한다.

문전성시하면 우리는 흔히 집에 찾아오는 사람이 많아 문 앞이 시장을 이룬다는 『한서』「정숭전(鄭崇傳」에 나오는 말 〈門前成市〉를 생각한다. 그러나 내가 참여하고 있는 프로젝트는 〈文傳成示〉로 정식명칭은 "문화를 통한 전통시장 활성화 시범사업"이다. 이는 전통시장에 문화를 접목시켜 시장을 문화체험 공간이자 일상의 관광지로 활성화하기 위한 목적으로 문화체육관광부가 2008년부터 추진한 사업이며, 2010년 서울 · 경기지역에서는 유일하게 서울 중랑구의 우림시장이 선정되었다. 문화관광부가 밝히는 〈文傳成示〉의 바탕에는 〈門前成市〉가 있다. 그 취지인 '~문전성시를 이루게 하는 새로운 전통시장 활성화 사업' 이라는 점에서 알 수 있다.

이 일을 시작한 것이 5월인데 벌써 10월의 끝자락에 와 있다. 1차년도 프로젝트 사업이 12월로 마감하니 이제는 결산을 준비할 시기다. 지난 6개월을 되돌아보면 참으로 많은 프로그램을 실행에 옮기며 숨 가쁘게 달려왔다는 생각이 든다. 12가지 프로그램들이 대부분 몇 개월 동안 주기적인 지속성을 갖고 이루어지는 것이다 보니 여간 어려운 게 아니다. 프로그램을 총괄하는 담당자가 있다하더라도 톱니바퀴의 철학처럼 PM(Project Manager)단 모두의 도움이 있어야 비로소 깔끔한 마무리를 할 수 있다.

우림시장은 주민공동체형 문전성시 프로젝트 시범사업장이다. 우리는 "우림문화달구지"라는 임의의 비영리 단체를 설립하고 주관사로서 일에 착수했다. 하지만 실행에 돌입하기까지는 전문컨설턴트로부터 수차례 컨설팅을 받았다. 밤을 지새우며 우림시장에 맞는 프로그램을 만들어내고 정해진 예산을 효율적으로 쓰기 위해 아이디어를 내어 컨설팅을 받았던 게 몇 차례였던가.

우림시장 문전성시의 핵심 사업은 〈상인극단〉과 〈상인CF〉다. 주민공동체형이기 때문에 핵심 사업은 상인과 주민들이 함께 어우러져 만들어가는 프로그램으로 지속 가능성을 가지고 있어야 한다.

상인극단은 상인과 중랑구민을 대상으로 공개오디션을 거쳐 70여 명 중 25명을 선정했다. 이들은 우림시장 40년 역사의 희로애락을 그린 감동의 뮤지컬 "춤추는 황금소"를 시장 내에 리모델링으로 마련된 복합문화공간(소극장)에서 12월에 공연할 예정이다. 이 공연을 위해 상인과 주민들은 7월부터 짬을 내어 발성, 호흡법, 신체훈련 등 특강을 받고 대본연습에 돌입, 지금은 행동선 연습을 하고 있다.

두부가게를 운영하는 60대의 한 상인은 평소 말수가 적고 숫기가 없어 일상생활에 별 재미를 느끼지 못하고 있다가 연극배우 공개오디션에 참여했다. 처음에는 쑥스러워 목소리도 제대로 나오지 않아 대사가 입안에서 뱅글뱅글 돌뿐이었다. 가랑비에 옷이 젖는다고 했다. 3개월이 지난 지금은 술에 취한 상인역을 어찌나 리얼하게 하는지 전문연극배우가 울고 갈 판이다. 이러한 변화를 일취월장하고 있는 당사자보다 부인이 더 좋아한다. 독서를 즐기는 부인은 상인극단 연습시간만 되면 일하고 있는 남편의 등을 떠민다고 한다.

또 떡집을 운영하며 연극에 참여하고, 〈상인CF〉 감독까지 병행하는 한 상인은 팔방미인이다. 무슨 일이든 발 벗고 나서주어 우리로서는 여간 고마운 게 아닌데 이제 상대에게 연기코치까지 하고 있으니 유명 연극인으로서 펜들에게 사인해 줄 날도 멀지 않은 것 같다. 그런가 하면 축산물 가게를 운영하는 분은 복합문화공간에 시설된 조명과 음향을 잘 다룰 뿐 아니라 〈상인CF〉에서는 촬영을 맡아 열심히 배우고 있다. 또 수산물 가게를 운영하는 전직 영화감독이며 시나리오 집필 능력에 기타 치며 노래하는 가수의 기질까지 갖춘 상인도 앞의 두 프로그램에 적극적이다.

〈상인CF〉는 상인 스스로가 CF제작 능력을 길러 문전성시 프로젝트가 끝나더라도 지속적으로 활용할 수 있도록 워크숍을 진행하고 있다. 우림시장은 시장 내에 PDP가 설치되어 있고, 내년도에는 북문과 남문에 LED가 설치될 예정이어서 CF를 제작할 능력만 있다면 얼마든지 자신의 가게를 홍보할 수 있다. 이분들이 〈상인CF〉 제작을 이끌어 갈 것이라 기대해 본다.

이밖에도 우림시장 문전성시 프로젝트 사업 중에는 좋은 프로그램이 많다. 어린이를 위한 어린이 영어뮤지컬 "사운드 오브 뮤직"이 공연을 위해 열심히 연습 중에 있는데, 아이들의 영어노래실력은 원어민을 방불케 한다. 미술놀이, 연극놀이, 동화구연, 도자기체험 등 문화예술체험 프로그램은 참여자가 많아 곤란할 지경이다. 또 상인과 주민들을 위한 〈시장通학교〉의 가요, 민요, 풍물교실은 4~50대 주부고객들에게 인기가 많아 이 프로그램이 끝나면 나름대로 모임을 가질 예정이라고 한다. 시장의 좁은 틈새에서 펼쳐지는 〈1평예술단〉의 공연은 그랜드피아노와 성악의 만남으로 전통시장 안에 클래식 선율이 흐르고, 대한민국의 소리천하 경기, 남도, 서도소리가 곳곳에 스며든다. 때로는 타악그룹이 시장통을 들썩이게 하고, 미얄할미와 사자춤으로 가는 이의 발걸음을 붙잡아두기도 한다. 그리고 변검과 마술이 우리의 눈을 즐겁게 하고, 어린이 태권도단이 참여해 태권도 시범을 보여주어 감동을 자아내기도 한다.

하지만 모든 일이 순조로운 것은 아니다. 무슨 일이든 음양이 있듯 어떤 프로그램은 열심인 사람들이 있어 재미를 키워가고 있지만, 몇몇 프로그램은 당초 상인들의 의견을 수렴해서 그들이 하고자 하는 것을 만들어도 막상 실행에 들어가면 어려움이 뒤따랐다. 상인들을 프로그램에 참여시키기 위해 협조문과 문자메시지를 보내고 일일이 전화를 한다. 미리미리 안내방송을 하는 것은 기본이고, 때로는 프로그램 홍보전단지를 만들어 200여 개 점포를 찾아다니며 관심을 촉구한다. 이런 과정은 거름이 되어 봄 햇살에 새싹이 푸릇푸릇 올라오듯 많지는 않아도 참여도가 높은 상인들이 나타나고 있다. 특히 〈상인CF〉 참여자들의 열의는 대단하다 하겠는데, 그들을 참여시키기 위해 노력한 것을 생각하면 가슴이 먹먹해진다.

또 1평 공연을 하기 위해 시장통에 있는 작은 자투리 공간 하나 사용하려고 하면 장사에 방해되니 우리 가게 앞에서 하지마라, 시끄러우니 하지마라는 등 어려움도 많이 겪는다. 다행히 모든 상인이 그런 것은 아니어서 이럴 때마다 상인회 이사장님이나 임원들의 도움을 받아 해결한다. 특히 이사장님은 프로젝트를 수행하면서 늘 감사한 마음을 갖게 하는 분이다. 몸이 열이라도 모자랄 정도로 바쁜 시간을 보내고 있지만 궂은 일 마다않고 도와주신다. 여기에 임원이 아니면서도 늘 격려해 주고 호응해 주는 상인 분들과 혼자 있어도 마음에 드는 프로그램일 경우, 하고 싶은 욕망이 강하여 배우고 익히는 시간만큼은 가게 문을 잠시 닫아두고라도 참여하는 분이 있어 힘을 얻는다.

이러한 어려움 속에서도 문전성시의 꽃은 피고 있다. 〈상인극단〉, 〈상인CF〉, 〈봄 그리고 우리시장 - 어린이 영어뮤지컬 사운드오브뮤직/문화예술체험〉은 kbs2 생방송 오늘과 mbc 뉴스데스크 등 다양한 방송에서 수차례 선을 보였고, 중앙, 조선, 한국일보와 경향, 서울신문 등 많은 지면에 보도되었다.

그리고 늘 하는 일이긴 하지만 한 번은 어린이 문화예술체험프로그램 진행과정을 둘러보기 위해 복합문화공간에 갔다. 그곳에서 대여섯 명의 젊은 어머니들이 둘러서서 하는 말을 우연히 듣게 되었다. "바로 우림시장 옆에 살지만 재래시장보다는 할인마트를 주로 다녔어요. 그런데 우리 아이가 미술놀이와 연극놀이 체험프로그램에 참여하면서 우림시장을 자주 오게 되었어요. 아이를 이 프로그램에 참여시키기 위해 이곳에 오게 되니 자연스레 우림시장을 이용하게 되더라구요." 문전성시 프로젝트를 실행하고 있는 우리로서는 이보다 더 듣기 좋은 말이 어디 있겠는가.

이제 며칠 있으면 새로운 프로그램 〈설렁탕 파티〉를 선보일 예정이다. 이는 우림시장 상인과 다문화가족, 지역민들이 함께 어우러져 옛날에 이 터에 소가 숲을 이룰 만큼 많아 이름 지어졌다는 우림시장(牛林市場)의 상징, 소를 재료로 만든 설렁탕을 나누어 먹으며 정을 나누고 서로를 이해하면서 알아가는 시간을 갖는 프로그램이다. 아직은 낯선 문화에 혼란을 겪고 있을 다국적 사람들이 이러한 시간을 빌려 우림시장을 통해 우리 문화에 익숙해지면서 자연스레 전통시장을 찾는 고객이 되고, 우리는 그들을 한가족으로 받아들이는 기회가 되었으면 하는 바람이다.

우림시장은 지금 문화와 예술이 뚜벅뚜벅 걸어와 여기저기 발자국을 남기고 간다. 모든 사업이 하루아침에 만수산에 구름 뫼듯 우림시장을 문전성시(門前成市)로 만들어 줄 수 는 없지만, 그 발자국에 고인 상인과 고객들의 행복이 우림시장 문전성시의 거름이 될 것이다.

우림시장 문전성시 프로젝트 "춤추는 황금소"는 는개에도 땅이 촉촉해지듯, 스멀스멀 문화와 예술을 시장 곳곳에 스며들게 해 황금소가 춤추는 우림시장을 만들 것이다. 전통시장은 그저 물건이나 파는 메마른 시장이 아니라, 고객의 손에 쥐어지는 물건 하나에도 문화가 살아 숨 쉬고, 이야기가 깃들어 있는 곳이다. 상인과 고객이 소통하는 시장으로 거듭날 수 있도록 문전성시 프로젝트는 거름이 되고 햇빛과 물이 될 것이라 여긴다. 아직 우림시장 문전성시 프로젝트는 진행 중이다. 하지만 결국은 문전성시 프로젝트 사업이 전통시장의 또 다른 은유 서민들의 편에 서서 행복과 한 줄기 햇살을 줄 수 있지 않을까. 창밖을 내다보니 우림시장 안에 햇살이 가득하다.

〈서 평〉

맑고 자유로운 영혼의 울림

-이하림의 수필 세계

金 周 安(수필가)

이하림 님의 첫 작품집《맨션 달동네 사람들》출간을 축하드린다. 표제에서도 암시하고 있듯이 '달동네'는 1980년대 모 방송국 드라마 상영으로 세간에 익숙한 말이 되었다. 높은 곳에 위치해 달과 가깝게 지낸다고 해서 지어진 은어적인 표현이라고 할 수 있다. 사람과 사람 사이에 끈끈한 정을 느끼게 하는 또 다른 의미도 내포하고 있다. 작가는 자신이 살고 있는 작은 아파트를 맨션 달동네라는 일종의 해학적인 표현을 빌리면서 이곳에서 살아가고 있는 이웃들의 애환을 리얼하게 그리고 있다. 이 작품집 전반에 걸쳐 나타나고 있는 고단한 삶의 흔적과 푸른 가난의 이미지는 작가의 맑고 자유로운 영혼의 울림이라 하겠다. 물질만능시대에 인간성이 상실된 현대를 살아가면서《맨션 달동네 사람들》은 우리의 내면을 다시금 돌아보게 한다.

〈편견의 가시〉도 이러한 푸른 가난을 몸소 체험하면서 사회 곳곳에 만연해 있는 편견이라는 색안경에 가슴앓이를 하는 작가의 마음이 짙게 배어나온다. 사는 곳 또한 맨션 달동네이고 보니 그 편견이 아들이 다니는 학교에까지 영향을 주어 작가의 가슴이 가시에 찔린 듯 욱신거렸다는 내용이다. 이러한 외형적인 조건에만 치우쳐가고 있는 사회적 병폐현상을 작가는 신중한 어조로 고발하고 있다. 반면 이러한 조류에 침식되지 않고 오히려 달관적인 어조로 작품을 마무리하고 있다.

〈옥황상제의 주례〉는 어렸을 때 세상을 떠난 오라비를 잃은 슬픔을 그리고 있다. 굿당에서 춤을 추는 무녀를 바라보면서 오래전 고전무용을 하던 동생을 보살피던 오라비를 떠올린다. 그러던 어느 날 불의의 사고로 그 오라비를 잃고 슬픔을 잊기 위해 틈만 나면 춤을 춘다. 역신을 달래는 처용무를 언급하면서 죽은 오라비가 선령이 되어 좋은 곳으로 갔으면 하는 바람도 표현한다. 하늘나라에서 옥황상제의 주례로 아름다운 신부를 맞아 영혼결혼식을 올려 주어 내세의 행복을 간절히 비는 작가의 아름다운 심미안이 글로 잘 표현되었다고 하겠다.

〈달콤한 꿈 값〉 지하철에서 졸다가 달콤한 꿈을 꾼다. 깔끔한 중년 신사가 옆자리로 옮겨 앉아 라일락 향기 같은 말을 걸어온다. 꿈속에서 작가도 그 신사에게 이끌려 어느새 미소를 보내고 있다. 서로의 시선에 온기가 느껴졌을 때 꿈을 깼다. 다시 눈을 감고 그 꿈속으로 빠져들려고 할 때 "눈을 뜨시오"라며 호통치는 소리를 듣는다. 달콤한 꿈 값을 대신해서 호된 야단을 맞는다. 경로석에 앉은 자신을 발견하고 얼른 일반석으로 자리를 옮긴다. 옆자리가 비어 있다. 다시 그 꿈을 생각하며 은근히 기대를 한다. 그런데 아뿔싸 얼굴이 수박자두처럼 거무튀튀한 오십대 남자가 옆자리에 앉는다. 술독에 들어 갔다 나왔는지 악취가 진동한다. 목적지가 멀었지만 내리고 만다.

이 글에서 작가는 전철을 타고가면서 일어난 단편들을 사실적으로 잘 묘사하고 있다. 달콤한 꿈을 꾸면서 라일락 향기나는 상황을 기대했지만 악취가 진동하는 냉혹한 현실 앞에서 독자들은 너털웃음을 짓고 말 것이다. 결론에 가서는 다시금 달콤한 꿈을 꿀 수만 있다면 호통을 맞은들 대수냐며 한층 성숙된 자아를 드러내고 있다.

〈는개가 내리던 날〉 작가에게 두 살 터울인 오라비가 있었다. 그에게 '우'라는 친구가 있었는데 같은 집에 사는 쌍둥이 형제에게 괴롭힘을 당하는 것을 보고 위로하고자 물놀이를 간다. 물가에 앉아 있던 오라비는 쌍둥이 형제가 저지른 고의의 사고로 졸지에 불귀의 객이 되고 만다. 비보가 전해지던 날 햇빛은 그대로인데 는개가 내리더니 무지개가 떠올랐다. 경찰이 왔지만 몰강스럽지 못한 어머니는 쌍둥이 형제가 어리다는 이유로 구속을 반대하셨다. 장남을 잃은 어머니의 삶은 고통의 연속이었다. 어머니의 삶을 지켜보면서 용서란 말은 쉽지만 행동으로 옮기기까지는 많은 고통이 따르더라는 말로 대변하고 있다. 또한 생때같은 자식을 가슴에 묻고도 어머니를 지금까지 지켜준 힘은 용서였다고 고백하는 대목에서 진한 감동을 경험하게 된다.

〈가난한 마음 부자 만들기〉 이 작품은 한국수필작가회 20주년 기념집을 엮으면서 발표하였던 '나의 수필작법' 이다. 문학을 하게 된 동기를 적고 있으며 인생철학을 정립할 수 있는 계기가 될 것이라 생각되어 수필을 택하였다고 하였다. 수필이라는 길로 인도해 주신 스승을 만나게 되었고 수필을 쓰기 위해서는 수필적인 삶을 살아야 한다는 인성 교육 또한 철저히 받는다. 생전에 스승은 글다운 글을 위한 많은 작법을 일러주셨다. 작가는 그 글들을 묘목이라고 묘사하였고 그 묘목들을 잘 가꾸어 수필이란 텃밭에 이식을 한다. 이제 수필이란 텃밭에서 가난한 마음을 심지만 어느 누구 부럽지 않은 부자를 꿈 꿀 수 있게 되었다.

〈도배〉 믿고 맡겼던 도배가 실망을 금치 못하자 사십년지기 친구와 믿음이 깨진 것으로 비유하고 있다. 그러한 친구를 외면했던 것은 내 안에서 뜯어내지 못한 벽지로 남아 있었다는 표현을 빌리고 있다. 작가는 마음을 다시 열어 그 친구에게 손을 내밀어 반갑게 맞이하고 보니 어깨에 매달려 있던 짐 하나를 내려놓은 듯이 홀가분하다고 했다. 사람의 관계에서도 이같이 고르지 못한 벽지를 붙이고 사는데, 불만스런 도배를 곁에 둔다고 해도 큰 흉이 아니다라고 하면서 자신을 도닥이는 자세를 보이고 있다.

〈마라톤〉 영화 〈말아톤〉에서 자폐아였지만 피나는 노력 끝에 완주한 초원이를 소개한다. 작가도 단축 마라톤 대회에 참가한 적이 있다. 거친 호흡을 몰아쉬면서도 좋은 성적은 아니더라도 끝까지 완주한 경험을 가진다. 완주를 하면서 무엇이든지 할 수 있다는 자신감도 얻는다. 그러던 중 어느 모임에서 멈추고 있었던 달리기를 다시 해야겠다고 각오를 다진다. 드디어 만학도의 길을 걷게 된다. 힘이 들 때면 멈추고도 싶지만 단축 마라톤을 완주하면서 경험했던 고통이 큰 힘이 되었다. 〈말아톤〉의 초원이처럼 고통스럽더라도 달리는 순간이 행복하다고 고백한다. 진정 행복을 느낄 줄 아는 인간다운 면모를 보여준다.

〈소포〉 어느 날 경찰서에서 소포 하나가 배달된다. 어머니를 대동하고 경찰서를 방문하자 그 소포 속에는 어머니가 잃어버린 지갑이 들어 있었다. 또한 이십여 년 전 잘못 배달된 소포가 주인을 찾지 못해 어머니의 차지가 된다. 이십여 년 동안 어머니는 그 소포 속에 든 옷을 입고 따뜻하게 지내신다. 작가도 한때 남편이었던 사람에게 잘못 배달된 인생 소포가 자신이 아닐까 하며 반문한다. 그러나 어머니에게 잘못 배달된 옷으로 인해 따뜻하고 행복하게 사셨던 것처럼, 비록 잘못 배달된 인생 소포라 할지라도 자신의 인생도 나름대로 행복하다며 긍정적인 사고로 일관하고 있다.

〈아들과 화초〉 화초를 기르게 되면서 나날이 그 즐거움이 더해갔다. 화초의 생리에 따라 물주기를 하며 정성껏 잎을 닦아주고 사랑과 관심을 쏟는 만큼 반짝거리고 생기가 돌았다. 싱그런 생명들을 바라보는 것은 작가에게 커다란 행복이었다. 이러한 화초를 바라보면서 어렸을 때부터 버거운 생활고로 아들을 제대로 돌보지 못한 자책감에 빠진다. 아들이 병치레를 할 때마다 롤러코스터를 타는 심정이라는 표현은 진한 모정을 대변한다. 시들은 화초는 물 한 바가지로 되살릴 수 있지만 아들의 처진 어깨는 무엇으로 추켜세울까 라는 비유는 이 글의 묘미를 더하고 있다.

〈어머니의 그늘〉는 친정어머니에 대한 효성을 잘 드러낸 글이라 하겠다. 한사코 마다하는 칠순잔치를 차려드리고 정성을 다해 절을 올리며 건강을 비는 자손들의 효심이 극치를 이룬다. 삼십대 초반에 남편을 잃고 올망졸망한 자식들을 키우기 위해 고단한 삶을 살아오신 어머니가 어느새 일흔이라는 고개에 올라와 거친 숨을 고르고 계신다는 표현이 감동적이다. 또한 외할머니에게 효성을 표현하는 어머니의 마음이 자식들에게 깊은 교훈으로 남을 것이다. 이러한 깊은 효심과 가족애를 표현한 작품들이 여럿 있다. 〈사랑의 울타리〉 〈이화장의 여름〉 〈꿈의 씨앗〉 〈내리 사랑〉 〈네비 여사와 안녕 여사〉 등 그것들인데 어머니의 삶을 반추하며 효심을 자극한다.

이하림 수필세계는 푸른 가난의 이미저리에 젖어 있는 작품들이 대부분이다. 수필은 삶의 구체성에 뿌리를 내린 공감의 문학인만큼 작가의 리얼한 삶이 푸른 가난이란 이미저리로 반추되고 있다. 그러나 절대절명의 순간에도 그 자리에 침식되지 않고 다시금 일어서려는 끈질긴 희망과 마주하게 된다. 자신의 처지를 관조하면서 처연하게 받아들이는 맑은 영혼의 자유로움도 느끼게 한다.

둘째로는 작품들이 품고 있는 진한 가족애다. 물질만능시대가 도래하고 자연계는 파괴되었고 인간성은 날로 그 신의를 잃어가는, 상실의 시대를 우리는 살아가고 있다. 가난과 행복을 겸해서 삶의 바구니에 담고 있지만 물질이 결코 행복을 가둘 수 없다는 것을 결속된 가족애로 여실히 보여주고 있다. 작가는 눈치를 보거나 얽매이지 않으면서 참다운 행복을 느낄 줄 아는 혜안을 지니고 있다고 할 것이다.

셋째는 아름답고 쉬운 순 우리말을 찾아 적절하게 배치하여 독자들로 하여금 읽는 즐거움을 더하게 한다. 이는 아마도 우리말을 평생토록 연구하다 작고하신 고 서정범 교수님의 제자다운 면모라고 할 것이다. 자르랑자르랑, 몰강스럽다, 어정버정, 굴퉁이, 눈비음 등은 실로 정감이 가는 어휘의 선택으로 우리의 정서를 아름답게 일깨워 준다. 쉽고 재미있게 쓰려는 작가의 의도를 유도하고 있다고 할 것이다.

넷째, 작품 곳곳에 수직적 사고와 수평적 사고를 획득하려는 작가의 노력이 간간이 엿보인다. 수필문학이 동시대를 넘어서도 많은 독자들을 확보하려면 이러한 시공을 초월한 문학의 보편성을 획득하는 일이 더욱 중요하다 할 것이다.

다소 아쉬운 점이 있다면 보다 폭넓고 깊은 소재의 선택이라 할 것이다. 수필문학이 흔히 범하기 쉬운 잘못이라면 주변에서 일어나는 사소한 일들을 문학적으로 승화시키지 못하고 단순 표현방식에 그친다는 것이다. 그래서 수필문학을 전문 분야의 한 휴식처쯤으로 여긴다는 지론이 지배적이었다.

끝으로 그동안 갇혀 살아온 푸른 가난의 이미저리에서 자의에 의해서든 타의에 의해서든 걸어나왔으면 좋겠다. 선홍빛 노을이 가득한 세계로 삶의 중심이 진행되었으면 하는 바람이다.

이하림 수필집

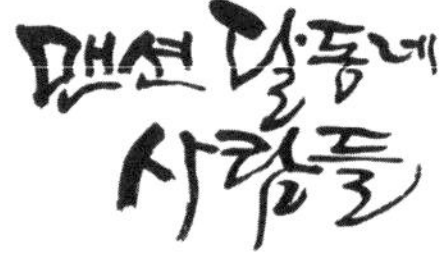

1쇄 인쇄/ 2013년 2월 15일
1쇄 발행/ 2013년 2월 20일

지은이/ 이하림
펴낸이/ 김주안
펴낸곳/ 도서출판 진실한 사람들
주소/ 서울특별시 종로구 경운동 88 수운회관 713
Tel/ 02-730-3046~7
Fax/ 02-730-3048
E-mail/ munvi22@hanmail.net
등록번호/ 제300-2003-210호
ISBN/ 978-89-91905-51-1

값 10,000원